ダイバーシティ ポリス宣言

学校を
多様性仕様に
するために

久保田善丈
Kubota Yoshitake

いきする本だな

6

目次

イントロダクション
―こんな本だと思っています　011

1 横領、陳腐化、脱力されるダイバーシティ　011

2 キルジョイでポリスなダイバーシティ　016

3 〈―Get used to it!〉で〈キャンプ〉なダイバーシティ　018

4 ダイバーシティ・ワーカーたちに読んでもらえるといいなと　019

第1章
ダイバーシティ・ナウ
―「食べ物」と「虐殺」の間で　023

1 恐ろしくないし、いろいろおいしいダイバーシティ　023

　①丸く糖衣にくるまれたダイバーシティ　023

　②「ダイバーシティ」を取り返したいけど…　024

2 「恐ろしい言葉」「恐ろしくない言葉」「恐ろしい問題」　029

　①「恐ろしい言葉」を使わずに、「恐ろしい問題」を！　029

　②「恐ろしい言葉」も使ってみる　033

　③先回りするダイバーシティ、キルジョイでポリスなダイバーシティ　035

3 「食べ物」と「虐殺」の間で戦略を考える　037

　①マジョリティ仕様の社会の潜在的欲望に抗うために　037

　②「糖衣」を内側から破る　039

003

第2章

スクール・ダイバーシティへようこそ

1 学校のなかのスクール・ダイバーシティ 047

① 部活でも委員会でもないし生徒会とも距離がある 047

② dunchってなんだ？──ダイバーシティ・ランチ・ミーティング 050

2 dunchへようこそ──めんどくさいことをやろう！ 遠巻きにされよう！ 053

① 呼びかける 053

② dunchの世界 058

●ぼくのトークはイマイチだったけどナイスなエピソードを伝えられました ●「案外伝わってる」と見ていいのかな？ ●実現可能性は無視してやってみたいことをしゃべってもらう

③ ハードルの先のアジール 064

●簡単ではなくてもアジールな時空を ●「成蹊バリアフリーチェック」、障害の社会モデル

第 3 章

スクール・ダイバーシティの
ダイバーシティ・ワーク　　　071

① こんなことをやってきた、考えてきた──まずはざっくりと　　　071

② こんなことを意識してきた　　　072

①うんざりしない、うんざりさせない──例えば「活動リスト2017」はギリギリすぎた　072

②「わがまま」の読み方　075

③「ひとり」を「ぼっち」にさせないために　077

④ダイバーシティの臨界／異世界の珍獣／いい感じの個性　079

③ こんなこともやってきた──エンターテイメントをダイバーシティする　　　085

①上映会＆トークライブ──映画「パレードへようこそ」086

●ネガティブな呼称を先回りする　●「いろいろな居場所」という可能性　●「変わりそうにない人たち」についても考えた

②音楽でもダイバーシティ！　092

●Radiohead（レディオヘッド）「Creep」　●Todrick Hall（トドリック・ホール）「Dem Beats」

③この映画、ダイバーシティ！　095

●映画「バトル・オブ・セクシーズ」──「からかいの政治学」は終わらない

④「多様性と平等についての宣言」を生徒手帳に──虹の国、虹の学校　　　100

①遥かなる虹の国、目の前の一歩──統整的理念と構成的理念　100

②「ダイバーシティカード」はできたけど　102

005

第4章

高校でダイバーシティ・グループを作る

1 「マジョリティ仕様」の組織で「ぼく」が働く　　　109
　①「ぼく」が学校で働くということ　109
　②映画「トレイン・スポッティング」――20年後のダメ男たち
　　とちゃんとした女たち　112

2 ちょっと長めの前夜　　　115
　①ヘイトフルなあの頃　115
　②「LGBT」の登場、現代的レイシズムの予感　117
　③ヘイトフルな時代のいろいろを考える勉強会　119

3 立ち上げ――やっぱり「ダイバーシティ・ポリス宣
　言」　　　121
　①「ぼく」は「個性尊重という呪い」に便乗する　121
　②生徒たちに声をかける――スクール・ダイバーシティ直前
　　123
　③初期の活動を振り返ってみる――想像のマジョリティ　124

第 5 章

挑発的ダイバーシティのすすめ

1 〈We're here, We're queer, Get used to it!〉の
   気分と論理　　132

① チャントの気分——挑発的先回り的なスタンスを真似
   したい　132

② いい感じの個性、いい感じのクィア——再びダイバーシテ
   ィの臨界　135

③ チャントの論理——差異と普遍のスペクタクルが横領され
   る　137

　●横領されるクィア　●そのうえで「学校」でならまだイケるかと

2 〈キャンプ〉なダイバーシティを気取ってみる　　140

① 〈キャンプ〉ってこういうこと？　140

② リスキーだけど挑発的で効果的？　142

③ 「〈キャンプ〉についてのノート」について　143

　●永遠の〈キャンプ〉論のはじまり　●「挑発的ダイバーシティのための
　〈キャンプ〉についてのノート」

3 ダイバーシティ×アナキズムのイメージで　　150

① 爆弾と無秩序ではないアナキズム？　150

② 思わず「もれる」声に耳を傾け合う　153

007

第 **6** 章

挑発的ダイバーシティのために実践を読み直してみる 161

① 〈──Get used to it!〉な？実践 161

① 「朝礼ハイジャック」(2016年度) 162
② 「ダイバーシティ週間」(2023年度) 165

●「ryuchell（りゅうちぇる）と"らしさの呪い"」11月20日㈪TV朝礼トーク① ●「アンチ・レイシスト宣言」11月20日㈪TV朝礼トーク② ●「歴史の中の"らしさ"」11月21日㈫TV朝礼トーク ●「ルッキズムについて」11月24日㈮TV朝礼トーク

② 〈キャンプ〉な？実践 176

① 2015文化祭「女装・男装・ジェンダーレス装 写真コレクション」 176

●こんな事態は避けたいけど ●「ダイバーシティ出しとけば通るんじゃね？」というタイミング ●「異性装禁止」を〈キャンプ〉する

② 「東京オンリーピック：シングルスたちの遊戯」──「ひとり」を全面的に肯定してみる 182

第 **7** 章

むすびにかえて   193
――「変な人」になろう

あとがき   202

0

イントロダクション

——こんな本だと思っています

1 横領、陳腐化、脱力されるダイバーシティ

食べ物の　名前じゃないよ　ダイバーシティ
「これも多様性ということで笑」「それな笑」
「"多様性"は白人虐殺の隠語だ("Diversity" is a
Code Word for White Genocide)」[1]

　これ、いったいどうすれば？——こんな感じで茫然とし
てしまっているダイバーシティ・ワーカーが日本中にいる
のではないか、ぼくにはそんなふうに想像されるし、実際、
ダイバーシティ・ワーカーとしてのぼく自身もしばしばそん
な感じです。

　ダイバーシティ・ワーカーとは、「普通」とは見なされな
いいろいろ、クィアないろいろ、総じて、マイノリティないろ
いろ、つまり、多様性が存在することをあたりまえのこと
として組織を再構成するために働く誰かたちのことで、そ

のために考え、提案し、語り、イベントを開き、組織と掛け合い、ということをするような誰かたちのことだととらえています。思い切ってコンパクトにするとこんな感じでしょうか——その組織を「マジョリティ仕様」から「多様性仕様」へ再構成するためにその組織と構成員に働きかける誰かたちのこと。

　ある誰かがダイバーシティ・ワーカーになるパターンはさまざまだと思いますが、例えば組織から委任されて、というパターンはもっとも一般的でしょう。また、大学や高校の学生、生徒が立ち上げるダイバーシティ・グループなんかは、誰に頼まれたわけでもなくダイバーシティないろいろをがんばるわけですが、そのメンバーについてもダイバーシティ・ワーカーということでいいかと思います。ぼくは自身をダイバーシティ・ワーカーだと思うわけですが、それは、ぼくが、成蹊高校という学校で、生徒たちとともに、スクール・ダイバーシティ（以下、適宜「SD」と略記します）というグループを立ち上げ、以来10年を超えてその運営を委任されてきたからです●2。その実践ほか、いろいろについては後述するわけですが、この本のポイントになるのは、その10年間は、平等やフェアネスのためにといったダイバーシティ・ワーカー本来の活動に取り組む時間であっただけでなく、それと並行して、「ダイバーシティ」をめぐる社会的な空気に向き合わなければならない時間でもあり、それは、「いったいどうすれば？」の時間でもあったということです。

　さて、冒頭の3つのフレーズ。ひとつめは川柳、ふたつめは「交わされていそうなやり取り」、そして最後は、米

国の白人至上主義者たちが掲げた標語ですが、こういったフレーズを生み出すような空気感こそが「いったいどうすれば?」的状況の要因、ということでピンと来るのではないでしょうか。「ダイバーシティ」は、なんだかよく分からない外来語、食べ物ですか? みたいなところから始まって、「多様性っていう意味なんだあ」ということになって、ちょっと「耳にやさしい」「口にしやすい」ということになる、そうすると今度は、大企業、自治体、学校など、おなじみの社会的権威が気づきはじめて、「使える?」となって、で、あっという間に「一般化」したと思いきや、それは実のところ「横領」であって、かつ「陳腐化」の進行でもあって、今や「それな笑」みたいなことになってる、と思いきや、さらに一方では、目を疑うような激しい拒絶反応、「"多様性"は白人虐殺の隠語だ」——いったいどうすれば? というわけです。

　ダイバーシティな社会はまだぜんぜん実現されてないのに、「ダイバーシティないろいろ」を陳腐化して遠巻きにするような空気は急速に構成されています。大企業や自治体、そして学校などの社会的権威、むしろ「ダイバーシティないろいろ」の妨げになってきたと言えそうな社会的権威が、こぞって「ダイバーシティ」を掲げはじめたことは、このワードの一般化にとってはたいへん効果的でしたが、でも、同時にその急速な陳腐化にひと役もふた役も買ってきたと言わなければならないでしょう。きれいごと? また口にしてはいけない言葉が? なんだかうさんくさいよね? それな笑。

　スクール・ダイバーシティもこんな「いったいどうすれば?」に直面するダイバーシティ・ワーカーの集まりという

ことになるわけですが、ここではそのコンセプトについても少しだけ。社会は一般に「マジョリティ仕様」で設計されているといえるでしょう。そんな「マジョリティ仕様」が、さまざまな場面で心理的、物理的バリアを作り続けているともいえそうです。そして、学校もまさに「マジョリティ仕様」で設計された時空であって、そこではやはり、多様性は、暗黙のうちに存在しないことを求められているように見えるのです（控えめに言って、です）。どんな組織でもそうでしょうが、多様性を前提とした瞬間から、そこでのあらゆる効率は低下し始めるし、めんどくさいことだらけになる、と懸念されるからでしょう。

　スクール・ダイバーシティは、そんな「マジョリティ仕様」の社会の縮図「学校」を「多様性仕様」の時空に再構成することを目指して試行錯誤を重ねるグループです。ちょっとたたみかけたいと思います。ここでいう「多様性仕様の社会」とは、「暗黙のうちに存在しないことを求められてきた多様性、"普通"ではないとみなされるいろいろ、クィアないろいろ、総じて、マイノリティないろいろを、あたりまえに存在するものとして受け止め合い、その平等、公平を目指す社会」のこと、という感じでいいと思います●3。

　いろいろな組織のなかで活動しているダイバーシティ・ワーカーたちも潜在的ダイバーシティ・ワーカーたちも、それなりになるほど感を共有してくれると思うのですが、どうでしょう。そして、多様性とその間の平等、フェアネスのために提案し、語り、イベントを開き、学校と掛け合い、ということを10年間続けてきました。まあ、振り返ってみれば、ということですけど、活動についてのこのまとめは悪くないと思っています。そして、たぶん、そんな時空を目指

014

すことは「誰もがのうのうとして、くつろげる時空としての学校」を目指すことなのではないかと、そんなふうに考えています。ちょっとのどかに過ぎるような気もしますが。

　いずれにしても、この本では、スクール・ダイバーシティが直面してきた「いったいどうすれば？」、重ねてきた「こうすればどう？」を考察の対象としていくことになります。そうして、陳腐化を回避したり、横領された「ダイバーシティ」を取り返すとか、「ダイバーシティ」が本来持っている恐ろしい力を平等とフェアネスのために解放するとか、そういったことを語れるといいかなと思っています。

　ただ、これはこのあたりで、ちゃんと確認しておかなければいけないと思うのですが、この本では、こんなふうにやったらうまくいった、という話をしようとしているのではないということです。むしろ、あのときこんなふうにしていれば、とか、あそこでこんな発想を持ち出しておけば——とか、つまり、こんなふうにやることができていたら、どんなに良かっただろう——という話の方が断然多くなると思います。これはうまくいきましたよね？　どうです？　みたいは事例ばかりだといいんですけど、なかなかそうは行かないわけで、とにかく、スクール・ダイバーシティの経験を振り返るというのはそういうことだとイメージしてもらえるといいかなと思っています。

　「いったいどうすれば？」について少し視点を変えて。これはこの本のタイトルに関わる話です。ダイバーシティ・ワーカーが、その仕事をまじめにやればやるほど、組織・社会にとってめんどくさい存在になるという問題。これはもう必然であって、避けることはできません。ある組織・社会の大多数にとって安全で温かったすべてに疑問を

投げかけて、ときにそれを改めるように迫るのがダイバーシティ・ワーカーだからです。ダイバーシティ・ワーカーは、その組織・社会に、気づまりや気まずさ、ある種の息苦しさをもたらすし、うんざりな、めんどくさい存在として、いつも遠巻きにされることを避けられません●4。だから、実のところ「ダイバーシティ」の陳腐化も組織からは歓迎されることになります。陳腐化されればそれは「からかい」●5の対象にできるし、そもそも「からかい」と陳腐化は鶏と卵ですよね。いったいどうすれば？

② キルジョイでポリスなダイバーシティ

　本文に先立って、「いったいどうすれば？」についての見通しを少しだけ。この避けがたい名指し──陳腐なキレイごとをかざす、興ざめな、気づまりな、めんどくさいやつらとしてのダイバーシティ・ワーカーという、ときに潜在的な、ときにハッキリとした名指しをむしろ逆手にとって、挑発的に、つまり、スルーさせない感じで先回りすることはできないか？ 簡単ではないけど──ということを考えてみます。

　例えば、英国のフェミニスト・ライター、フェミニズム理論、クィア理論の研究者であり、アクティビストでもあるサラ・アーメッドのやり方、「興ざめな、水を差す」というニュアンスの「キルジョイ killjoy」という名指しを進んで引き受けてしまおうというやり方●6を参照したり、タイトルにある「ダイバーシティ・ポリス」という身振りなんかも、おもしろいし、効果的かなと。

　キルジョイとは、例えばこんな振る舞いです。教室でみ

んなで盛り上がって話しているという、その最中、誰かが
さらなる盛り上がりを目指して投げたのは性差別的なニュ
アンスのジョーク、で、まさにその瞬間、"いや、それは
ムリ、アウト!"──とやって、それを「あり」にさせない代
わりに、場をしらけさせるような振る舞い、それがキルジョ
イです。英語の方が分かりやすいですよね、killjoy──
喜びを、楽しさを、殺す。つまり、「興ざめ」とか「水を差
す」とか、そんな意味合いの、もっと強度のある言い回し
という感じでしょうか。もちろん、この役割は「ダイバーシ
ティ・ポリス」の役割でもあるわけで、つまり、この名指し、
「キルジョイ」だったり「ポリス」だったりを、先回りして気
前よく引き受けてしまえ、というそんなことを考えているわ
けです。

　いずれにしても、今回の書籍化の試みでは、スクール・
ダイバーシティの活動が、「高校生たちががんばってて、立
派な活動ですね」みたいなものとはニュアンスの異なる活
動、めんどくさくて、キルジョイでポリスなやつらと見なさ
れることを先回りしつつ、あえてそうするような、繊細であ
るからこそ同時にふてぶてしくもあるような、そんな活動
であることを明確にしたいとも思っています。で、そうする
ことで、ダイバーシティ・ワークは本質的に偉い人たちに
褒められるようなものじゃないことを確認したいし、社会
的権威に横領されて、陳腐化の危機にある「ダイバーシ
ティ」を、めんどくさくも恐ろしい力を持っているおもしろ
いワードとして、差別や支配に対する効果的な「楔」のよ
うなものとして取り返したい──そんなふうに考えていま
す。

③〈──Get used to it!〉で〈キャンプ〉なダイバーシティ

「こうすればどうだろう？」を構想するときにハッとするようなヒントを与えてくれたのは、例えば、90年代のクィア・アクティビティ●7やスーザン・ソンタグの〈キャンプ〉論●8でした。例えばこれ。〈We're here, We're queer, Get used to it!〉　自分たちはここにいる、そう、自分たちは変態でヘンテコだけどここにいる──っていうことに、いいかげん慣れろよ！

　これは90年代に登場したクィア・ネイションというアクティビスト・グループのチャントです。こんなチャントの気分と論理は「ダイバーシティ」に再び力をもたらすような気がするのですが、どうでしょう。

　そして、〈キャンプ〉。ここでいう〈キャンプ〉は、きれいな湖畔で──っていうあのキャンプではぜんぜんないです。そうではなく、ここでの〈キャンプ〉は、文系をさまよっているとどこかで出会いそうな作家・批評家のひとり、スーザン・ソンタグが示したある感性、態度、スタイルのことで、例えばドラァグ・クイーンとそれに対する評価をイメージすると分かりやすいかもしれません。いかにも「悪趣味」と言われそうな「これみよがしの誇張」を見せ切る感性や態度は〈キャンプ〉である可能性が高いし、そこに、だからこそのおもしろさやカッコよさを見出すような感性、態度もまた〈キャンプ〉かもしれません。つまり、〈キャンプ〉は最終的には感性によるものであって、明確な定義があるわけではないのですが、常識的で良識的な行儀のいい感

性や美意識や態度に抗って、知恵とある種の気前のよさではみ出していくという、そんな「〈キャンプ〉なダイバーシティ」は、「陳腐化」に抗うための切り札になりそうな気がするのです。

4 ダイバーシティ・ワーカーたちに読んでもらえるといいなと

このテーマで本格的に書き始めようかというタイミングで、「ころから」の木瀬さんから何度か、「この本、誰に読んでもらう感じですか？」的なことを問われました。実は、スクール・ダイバーシティの小さな勉強会「ダイバーシティ・ゼミ」●9でこの本の構想をしゃべったときも卒業生から同じ問いがありました。たぶんポイントは、「マジョリティに読んでもらう感じ？"変わる"きっかけを？」ということだったのかなと思います。そこで、ちょっとタイトに考えてみたのですが、例えば「これも多様性ということで笑」「それな笑」とか言い合ってるような誰かたちがいきなりこの本を手に取るという想像は、あまり現実的だとは思えません（「…白人虐殺の隠語だ」──のみなさんはもちろんですが）。そうではなく、ぼくは、ダイバーシティ・ワーカーや潜在的ダイバーシティ・ワーカーに向けて、「こんなやり方で、自分から進んで悪目立ちしちゃっても、自分からはみ出して行っちゃっても、案外大丈夫だし、そういう先回りはけっこう響くかもよ、ということを伝える本」なのだと、そんなふうにイメージしています。もちろん、最終的には「それな笑」な誰かたちにも届いて、「多様性仕様」も悪くないかも──くらいになってもらいたいわけですが●10。

というわけで、この本を、日本中の学校や企業や役所のダイバーシティ・ワーカーたちの手がすぐに届くような本棚に並べられたらいいなと。例えば、日本中の職員室にいるはずのめんどくさいことをやらずにはいられないような教員、そんな教員は誰に頼まれなくてもダイバーシティ・ワーカーだし、少なくとも潜在的ダイバーシティ・ワーカーなのだと思いますが、そんな教員が、めんどくさいことの好きそうな生徒にこの本を中継して、で、いっしょにこの本を読んでいろいろ考えて、何かしらめんどくさいことを言い出すようなことになれば、最高です。

　とにかく、わたしたちは、この間ずっと、スクール・ダイバーシティのコンセプトやさまざまな活動を、きれい事にも、他人事にもさせないためにどうするか、つまり、ときに陳腐に見え、ときにキルジョイであるような活動を、簡単には遠巻きにさせない、スルーさせないためにどうするか、簡単にされちゃうけど——ということを考えて来たし、これからもそれは変わらないと思います。で、この本は、そんな活動の企画運営のほとんどに関わってきたぼくの視点から書かれることになります。

- ●1　渡辺靖『白人ナショナリズム』(中公新書2020、p30)。
- ●2　成蹊高校は東京都武蔵野市の中高一貫私立共学、併設の成蹊大学へは近年だと30％弱が進学、他のほとんどはさまざまな入試方式で国内外他大学を目指す進学校。ぼくはシスジェンダー男性教員として主に世界史を担当、元々は近代中国をめぐる植民地主義的言説の研究、今はジェンダー論や歴史社会学に学びながら授業とSDの活動を構想しています。詳細はのちほど。
- ●3　「仕様」という発想のヒントは「障害の社会モデル」論から。SDのオンライン勉強会(2022年夏)でしゃべっていてピンと来まし

た。そのときのテキストは飯野由里子「"思いやり"から権利保障へ」（清水晶子 / ハン・トンヒョン / 飯野由里子『ポリティカル・コレクトネスからどこへ』有斐閣2022、第4章）。

◉4　今回の執筆を一気に加速させてくれたのが、サラ・アーメッド『フェミニスト・キルジョイ』（飯田麻結訳、人文書院2022）です。それとは明記していないところにもアーメッドのこの著書の影響が反映されているはずです。ここにあるようなダイバーシティ・ワーカーと「組織」の関係についてのもやもや、実感をいろいろな形で言語化できたのはアーメッドのおかげだと思っています。とくにその「第4章　変革を試みる」。それから、SDの小さな読書会を通じてこの本を教えてくれた卒業生でSDの常連でもある伊藤勇輝さん（当時成蹊大院修士2年）、ホントありがとう。

◉5　ここでの「からかい」は江原由美子さんが「からかいの政治学」（『女性解放という思想』勁草書房1985）で暴いた「からかい」、フェミニストたちを追い込んだグロテスクなゲームとしての「からかい」です。

◉6　まさに、アーメッド〈2022〉。「◉4」をあらためて参照していただければと。

◉7　清水晶子「《エスニック・フェア》のダイバーシティ── 可視性の政治を巡って」（『女性学』26、2019）は重要な気づきを与えてくれました。

◉8　スーザン・ソンタグ「〈キャンプ〉についてのノート」（同『反解釈』高橋康也他訳、ちくま学芸文庫1996、原著は1966）。

◉9　2017年に卒業生Yさんの提案でスタートした勉強会。卒業生や教員がダイバーシティな研究テーマ、本などなどを持ち寄ります。もちろん高校生の参加もOK。

◉10　「それな笑」な誰かたちにまで届いたか分かりませんが、ダイバーシティな本が、ダイバーシティ・ワーカーを経由して伝わっていくという感触はたしかにあります。例えば、イブラム・X・ケンディ『アンチレイシストであるためには』（児島修訳、辰巳出版2021）。米国の大学に進学したSDの仲間が邦訳前の段階で「この本すごい」と教えてくれて、ぼくはその邦訳が出るとすぐにSDで共有しつつ、高1全員に課される夏休みの宿題「社会科レポート」の課題図書の1冊に選定、20名くらいの生徒がこの本でレポートを書き、うちひとりは3年生になった今SDの中心を支えるひとりです（2024年度）。

第1章

ダイバーシティ・ナウ

――「食べ物」と「虐殺」の間で

① 恐ろしくないし、いろいろおいしい ダイバーシティ

① 丸く糖衣にくるまれたダイバーシティ

「食べものの　名前じゃないよ　ダイバーシティ」――冒頭の川柳ですが、これ実は2016年度スクール・ダイバーシティ文化祭展示企画のひとつ「ダイバーシティ川柳」コーナーのために練られた一句で、まあ、半分はネタですが、だからこそ、このころがターニングポイントだったということをうかがわせる貴重な資料、とも言えそうです。実際、その後数年のうちに「ダイバーシティ」というワードは急速に一般化[1]、自治体や企業、そして学校の広報にとっては、SDGsとともになくてはならないキーワード、この川柳も遠い昔のことのようですが、でもこのことで新たにやっかいな課題と直面することになります。

「ダイバーシティ」は、今、もともとその妨げになってきたような社会的権威によって横領され、陳腐化、脱力され

た上で、都合よく使われている、というのがぼくの見立てです。ときに「からかい」の対象にすらされる「ダイバーシティ」ですが、でも、社会的権威にとってはそのくらいでちょうどいいのかもしれません。米国の白人至上主義者たちのこのフレーズを思い出してください——「"多様性"は、白人虐殺の隠語だ」。「ダイバーシティ」は使える、でも、それは恐ろしい力を持っていてそのままでは使えない、だから、「ダイバーシティ」は、ほどよく陳腐化されて、十分に脱力されていなければならないというわけです。そこでの「ダイバーシティ」は、白人至上主義者たちが恐れる鋭く尖った何かを削られ、そのエネルギーを封印された「丸く糖衣にくるまれたダイバーシティ」です。

　この現象にはすでに参照すべき先例があります。「イントロダクション」でも触れたアーメッドは、ゼロ年代以降英国で進められた「多様性と平等への取り組み」を最前線で担ったダイバーシティ・ワーカーたちの声を紹介、分析しています。で、そこでも「ダイバーシティ」というワードはその理念の浸透、実現にはるかに先立って、陳腐化、脱力されるし、ダイバーシティ・ワーカーは、遠巻きにされ、「キルジョイ」とみなされているのです。いったいどうすれば？

②「ダイバーシティ」を取り返したいけど…

「ダイバーシティ」という語感、それは例えば、「人種差別」「性差別」のそれよりも「恐ろしくない」ように見えたり、聞こえたりするというところがポイントです。「多様性は、人々を怯えさせることもあるその他の受け入れがたい言葉と置き換わったのだ」(アーメッド〈2022〉p171)——アー

メッドはこんなふうに言っていますが、日本でもこれは当てはまるでしょう。価値観をアップデートしたことをアピールしつつ、恐ろしい言葉や恐ろしい問題を避けて通りたい社会的権威はこぞって、この、なんだか新しそうで、ふわっとしていて、それでいていいことを言っていそうな言葉、「ダイバーシティ」を前面に出すことになり、そうして広がっていって、あっという間に「これも多様性ということで笑」「それな笑」な空気も構成されるのです。横領され、陳腐化、脱力されたダイバーシティの、その本来の破壊力を正面から見据えているのは、それを隠そうともしない白人至上主義者たちばかり——「ここが、今」、と言ってしまいたくなります。

　いずれにしても、それぞれの「…だから多様性を大切にしようよ」——があるわけで、例えば、企業の論理、分かりやすさ優先で平たく言うと身も蓋もない感じになってしまいますが、それは「多様性は儲かる(おいしい)」論ということになると思います。セクシュアル・マイノリティに限っても、これまで不可視だった市場、調査によっては人口の8－10％とも言われる●2市場が眼前に浮上してくるわけだし、また、「多様性」の側に身を置くということ自体についても、それは、新たなグローバル・スタンダード、新たなポリティカル・コレクトネスに適切に対応しているということのアピールにもなる、「多様性はおいしい」というわけです●3。

　それから、企業に限らず、組織の中に「多様性人材」とでも呼ぶべき人員を配置することを推奨する言説もよく目にします。「多様性人材」が「普通人材」には見えない何かを見いだして組織を活性化するという。例えば、Googleなんかはこのスタンスだし、それを推奨しつつ、そん

025

な自らのスタンス自体を企業としての売りにしてもきました、「多様性は可能性」という感じです●4。

　さらに言えば、「ダイバーシティ」とそれが含意する価値観は、国際政治でも存在感を示します。例えば、イスラエルはその「ダイバーシティ」アピールによって、パレスチナへの抑圧、占領、人権侵害という現実をごまかそうとしている、ピンクウォッシュだ──として広く国際的に非難されていますが、そのとき「ダイバーシティ」自体にポジティブな価値が見込まれていることは明らかですし、一方で台湾の「ダイバーシティ」にいたっては、ピンクウォッシュの嫌疑をかけられることもなく、台湾を、アジアにおける先進的民主主義のシンボルとして「権威主義的強権的な中華人民共和国」と対置し、台湾がんばれ！の空気を構成することに貢献しているのです●5。

　でも、だからこそです。「多様性のせいで割りを食ってる、どうしてくれるんだ」という感じでしょうか。マジョリティとみなされる「名ばかりのマジョリティ」たちのマインドはそんな感じにくすぶっているし、その深まり、広がりによっては、「多様性は儲からない、使えない、却下！」という企業や行政の判断はあり得るわけで、実際、そんな流れも見えてきています。アメリカの大手スーパーマーケット、ウォルマートが保守派の動向をふまえて「多様性、公平性、包摂性」推進策の一部を撤回したというニュース（2024年11月）は象徴的でしょう。スクール・ダイバーシティのメーリスやチャットグループにもすぐに流れました。「多様性仕様の社会」では、これまで特定のマイノリティばかりが負わされていた不利益や息苦しさを、社会全体でシェアしようと考えるわけで、それは「気前のいい社

会」というイメージなのですが、でもその流れの中、「名ばかりのマジョリティ」たちは、居心地の悪さを感じ、自分たちこそ疎外されていると感じて怒りはじめるし、企業や行政は「気前のいい社会を目指そう」という身振りが思いのほか利益や支持につながらないという現実に怯みはじめる。「"多様性"は白人虐殺の隠語だ」というあの標語、もともとは白人至上主義者たちのものでしたが、そのニュアンスは広く「マジョリティ虐殺」に近いものになって「元?マジョリティ」たちに響いていって、例えば、2024年秋までにトランプ支持者の層を厚くしていったように見えます。こういった空気は今や民主主義体制のあらゆる社会で観測可能でしょう。いったいどうすれば? ということになるかと思いますが、いや、でも、ちょっと待って——という話をここでは入れておきたいと思います。「ダイバーシティ」の危機にも見えるこの状況、実のところ、「ダイバーシティ」は恐ろしい力を持っていて、そして、実際、社会を変えてしまうような大きな力を振るってきたということの証でもあるのでは? ということです。

　一方で、どうでしょう? 　「ダイバーシティ」は、日本社会にあってもそんな力を振るってきたでしょうか? 　社会が多様性仕様へ急転換して、その過程でマジョリティが「元マジョリティ」に? 　「多様性はマジョリティ虐殺の隠語だ」みたいに怒り狂う人たちがいたとして（まあ、いるかもしれませんが）、それが広く共感とムーブメントを構成するようなことが? ここ日本社会で「ダイバーシティ」が引き出した日常レベルのリアクションと言えば、「それも多様性ということで笑」「それな笑」とか、TVドラマを都合よく観て溜飲を下げたりとか、そんな感じだと思うのですが、

としたら、「ダイバーシティ」が振るった力もまたその程度にすぎないということなのでは。つまり、わたしたちが暮らす社会では、「ダイバーシティ」は、その力を発揮する間もなく、陳腐化、脱力され、からかいの対象になりつつある、という感じなのではないでしょうか？　だから、ぼくはこんなふうに考えたらいいと思うのです。わたしたちの社会は、「ダイバーシティ」が恐ろしい力を持っていることを先行する事例を通じて知ることができたし、同時にその運用を誤ると危ないという事例を持ったのだ、ということでどうでしょう。

　とにかく、アメリカで見られるような流れが加速して、多様性仕様の社会システム作りがストップする、つまり「未完のスロープ」が放置されるようなことや、「スロープ」を作ろうとする流れ自体がストップしてしまうとしたら、それは本当にもったいないと思うのです。

　ちょっと思い切ってまとめると、こんな感じなのでは。「多様性を大切にする」という表明は、誰もがありのままに存在していても平等・公平が保証される社会を志向することであって、それは「正しい側」に自身を置くことになりそうだし、ときに現実的な利益を想定することにもつながりそうだ──というわけで、だから多様性！　もっとも真摯なダイバーシティ・ワーカーからリアリストな実業家、外交当局者に至るまで、この「だから」を必要に応じてアレンジしては用いてきたのではないでしょうか。そうして「多様性」はあっというまに広く一般化していったのだと思います。でもそれで社会が本当に「多様性仕様」に向かって舵を切ることになったかというと、なかなかそうはいかなくて、むしろ、それによって「いったいどうすれば？」が

次々と立ち現れて、だから、そこに対処しようよ、というのがこの本のスタンスです。で、ぼくは、こういったもろもろの状況について「こうすればどう？」を積み上げていって、陳腐化を回避したり、横領された「ダイバーシティ」を取り返すとか、「ダイバーシティ」が本来持っている恐ろしい力を平等とフェアネスのために解放するとか、そういったことをこの本を通じて語れるといいかなと思っているわけです。

②「恐ろしい言葉」「恐ろしくない言葉」「恐ろしい問題」

①「恐ろしい言葉」を使わずに、「恐ろしい問題」を！

　最前線に目を移します。「キルジョイ」とみなされ遠巻きにされるのも、「ポリス」と揶揄されるのも最前線のダイバーシティ・ワーカーであって、社会的権威自体やそれを代表する誰かたちではありません。だから、最前線のダイバーシティ・ワーカー、とくに委任されたダイバーシティ・ワーカーならなおさらですが、彼らにとっては、フレンドリーなたたずまいなどは重要な戦略的・戦術的振る舞いということになるし、なるべくならば、「恐ろしい言葉」を使うことなく「恐ろしい問題」を語りたいというのももっともでしょう。このあたりについて、アーメッドはこうまとめています。「ダイバーシティ・ワーカーにとっての戦略・戦術は、自分が組織のなかの他人にどう見られているのかを管理するための努力でもあるだろう、ダイバーシティ・ワークはイメージ管理の一形式にもなるのだ」[6]

　この「イメージ管理」という観点からも、「恐ろしい言葉

も恐ろしい問題も避けて通りたいけど正しい側に身を置いてるようには見せたい」という社会的権威のエージェントと見なされてはならないわけで、だから、「違い」を示していくことも大切になります。でも、そうは言っても「恐ろしい言葉」を正面からというのもやはり厳しい、ということで、実はぼく自身も「恐ろしくない言葉」として「ダイバーシティ」を学校に馴染ませようとしていました。というよりも、この「恐ろしくない言葉」を手にしたからこそ、運動を始めたというところすらあったかもしれません。スクール・ダイバーシティの実質活動初年度、2014年度最初のTV朝礼●7、スクール・ダイバーシティの存在とその活動のコンセプトを全校に伝えるためのトークのなかで、ぼくはこんなふうにしゃべっています。

> 「人権」が大切なことも、「差別」が許されないことも誰だって知ってる。そしてそれは、深刻で重大な問題です。でも、だからこそ、この言葉は何か人を緊張させてしまうし、遠巻きにさせてしまうというか、まるで悪い奴を取り締まっているような印象を与えてしまう。
> （2014年4月24日TV朝礼）

だから、「ダイバーシティ」という「恐ろしくないワード」を——というわけです。「ダイバーシティ・ポリス」として開き直るようなところはまだぜんぜんないですよね、むしろ「ポリス」と見なされることをずいぶん警戒している感じです。いずれにしても「人権問題」や「差別問題」は恐ろしい言葉です——ということで、このトークにはまだ続きがあります。

…だからこんな人もいるのではないか——「人権問題」とか「差別問題」というからには余程のことであって、こんな些細なことでは問題にならないんじゃないか。こんなふうにして、結果的に繊細な誰かを黙らせてしまってはいないだろうか。ということで、なんとかこういう問題にアプローチするときの敷居を低くしたいと考えていて、だから、繊細、多様性、寛容というキーワードはとても大切だと考えています。(同上)

「恐ろしい言葉」や「深刻な問題」を前にそこから距離を取ろうとする誰かたちは、どのような人たちとして想定されているのかというと、ここでは、「恐ろしい言葉も恐ろしい問題も避けて通りたいけど正しい側に身を置いてるようには見せたい誰かたち」としてではなく、問題を問題として深刻に捉えているからこそ、慎重に距離を取ろうとする誰かたちとして想定されています。それは例えば、「人権問題」も「差別問題」も「恐ろしい言葉」だし、問題は大きくて深刻に違いない、だから、自分の手にはとても負えない、自分もいろんなもやもやを抱えているし、周りを見ればちょっとおかしいかもと思うことだってあるけど、それは些細なことなんじゃないか——という、このような繊細な感性の誰かたちです。「恐ろしい言葉」を使わない、それを「繊細、多様性、寛容」に言いかえることで、まずは、そんな誰かたち、つまり、潜在的なダイバーシティ・ワーカーと呼べそうな誰かたちにテーブルについてもらおうというのが、このトークです。「"仲間"なはずのみんな、例の言葉は恐ろしいし、問題はヘヴィだけど、"多様性を大切

に"くらいのところから、その"もやもや"から、いっしょに始めない？」——というわけです。

　翌年も1学期の早いタイミングのTV朝礼トークでぼくが時間をもらってしゃべったのですが、「恐ろしい言葉を使わずに、恐ろしい問題を！」というコンセプトがより明確になっています。

　　スクール・ダイバーシティは「人権」や「差別」といったテーマを扱います。でも、「人権」が大切なことも、「差別」が許されないことも誰だって知ってるわけで、問題は、にもかかわらず、「人権」や「差別」について話すことが少しも日常になってないということだと思うのです。で、その要因のひとつは、たぶん「人権」とか「差別」っていう言葉の「別世界」な感じ、勉強や新聞のなかにしか存在しないような感じっていうのが大きいんじゃないかと。なんか人を遠ざけるような。だったら、そんな言葉使わなくてもいいじゃん——わたしたちはそう考えていきます。…そうして、自分たちの言葉で、ああでもないこうでもないという感じで考えたときに、あ、今みんなで考えてたのって「人権の問題」だよね——というそんな経験を共有できる場所が、スクール・ダイバーシティだろう、というふうに思っています。（2015年6月11日TV朝礼）

　仲間を増やしていきたい、関心を共有したい、だから、新しくてソフトな「ダイバーシティ」で、「多様性」で、ハードルを下げよう——ダイバーシティ・ワーカーなら誰でもこんなふうに思って、「性差別、人種差別を考えよう」で

はなく、「ダイバーシティを考えよう」という声掛けをした
くなるでしょう。「恐ろしい問題」を避けるつもりはなくて
も、というか、そうであればこそ。こんな問題も、指摘され
るまでもなく、実感として理解しています。たしかに「ダイ
バーシティ」という語感はより多くの人をテーブルにつかせ
ることに役立ちます。でも、「人々を議論のテーブルにつ
かせたい理由をこの言葉のポジティブさがあやふやにして
しまう」。「恐ろしい問題」に触れなくてもよさそうだから
という理由でテーブルについた人たちと、どう「恐ろしい
問題」を議論すれば？●8

②「恐ろしい言葉」も使ってみる

　——という感じでいろいろ注意を払いながら、ダイバー
シティ・ワークを進めるわけですが、でも、それでもやはり、
ダイバーシティ・ワーカーは「キルジョイ」であり「ポリス」
であることを避けられそうにないです。ある場所の大多数
にとって安全で温かかった空気に疑問を投げかけ、それ
を改めようとするのがダイバーシティ・ワーカーだからで
す。思うのですが、その組織や社会に歓迎されているよう
なダイバーシティ・ワーカーというのは、ぜんぜん仕事をし
ていないか、すでに仕事を終えているのです。もちろんそ
の発する言葉の「陳腐化」を避けることもむずかしそうで
す。アーミッドは、ダイバーシティ・ワーカーのこんな声を
伝えています。「彼らが"それ"を行わないせいでわたし
たちが"それ"を口にし続けるから、彼らは"それ"にうんざ
りしてるんです（笑い）」●9

　こういう悪循環を想像することも難しくないでしょう——
うまく進まない、「恐ろしくない言葉」を重ねる、やはりう

まく進まない、「恐ろしくない言葉」をさらに重ねる、「これも多様性ということで笑」「それな笑」、たたずまいが固くなる──そしてついには「恐ろしくない言葉」と「恐ろしい言葉」の使い分けもむずかしくなって、気づくと「恐ろしい言葉」を投げている。

　ぼくにもこんな経験があります。わたしたちの学校は、2020年度以来、「セーラー服×スカート」ではなく「シャツ×スラックス」での学校生活を認めてほしいという「女子登録の生徒」について、担任教諭が当人及びその保護者と面談を重ね、「理由」を聞き、保護者の「十分な理解を得る」、その上で「異装」を認める、ということをやってきました。これは、20年度生徒たちが立ち上げた非公認有志団体「制服同好会」とスクール・ダイバーシティの戦術的なコラボで学校側と交渉を重ねながら、というかそこで妥協を強いられながら、それでもなんとか手に入れた暫定的な、そしてわたしたちの学校にとっては歴史的な成果でした。

　でも、この暫定ルールのプロセスはその当人にとってはあまりにも長い、場合によっては強制カミングアウトにつながる、「最も知られたくない相手が保護者」という可能性もふまえていない、という大きな問題を抱えていました。なので、22年度からは問題のそのプロセスは簡略化ということになりましたが●10、ぼくは、それが教員全体に周知・理解されていないように感じていたし、周知・理解のための働きかけをもっとできたのに──とも思っていたし、そもそも当初のルールを認めてしまった自分にもイラついていて、教員全体の会議の場で、あらためて周知・理解を促そうとしたのですが、そのときなんですけど、思わ

ず、「去年までのやり方は人権侵害レベルですよ?」という「恐ろしい言葉」を使いました。ちょっと、いや、すごく感じ悪かったと思います。こんなふうにして、いっそう遠巻きが進行するのかなとも思います。思いますが、でも、あらためて振り返ってみると、まあ、あれはあれで、いい感じに「キルジョイ」であり、かつ「ポリス」だったかなと、今はそんなふうに思っています。空気を読まないし、イラっとされても気にしない、「ダイバーシティ」にはそんなところがあるから油断大敵だよ──という感じは悪くないかなと。

③ 先回りするダイバーシティ、キルジョイでポリスな
ダイバーシティ

「キルジョイ」も「ポリス」も、ダイバーシティ・ワーカーが言われそうなこと、思われそうなことを先回りしてしまおう、という戦術的な用語です。「イントロダクション」でも見たように、「キルジョイ」はアーメッドが用いている言葉で、「興ざめ」「水を差す」というニュアンス。この事例を思い出してください。みんなで和やかに盛り上がって話しているという、その最中、誰かが差別的ニュアンスのジョークを投げる、で、そこで「それはムリ、アウト!」──とやるような振る舞い[11]。でもこれがダイバーシティ・ワークの本質です。だから、煙たがられるし、気づまりなやつらということになるわけですが、でもそうなることは初めから分かってるんだから、もうそこで開き直ってしまおうよ、簡単ではないとしても、というわけです。同じようにキルジョイではあっても、「先回りのキルジョイ」のその構えは、なんだかが然、頼もしく見えるのですが、どうでしょう。

「ポリス」も同じようです。2018年7月、早稲田大学のサ

ークル qoon と、同じくジェンダー・セクシュアリティセンター共催の「私たちのホモネタ論」というトークイベント●12 があって、ぼくはスクール・ダイバーシティの何人かと会場に足を運んだのですが、そこに居合わせたわたしたちの卒業生（こういうところでばったり会うわけです）が、キャンパスでこんなジョークが流行ってると教えてくれました。「──そんなこと言ってるとダイバーシティ・ポリスが来ちゃうよ笑」。これ、もちろんダイバーシティ・ワークに対する「からかい」、「キルジョイなダルいやつら」に対する「からかい」にもなりうるわけですけど、でも、誰がそれを口にするか、誰がこのネタで笑い合うかによってずいぶん違ってきます。例えば、当日の舞台では、スピーカーのひとり太田尚樹さん（「やる気あり美」●13）がこんなネタを投げてきました。「── はい、アムネスティ・インターナショナルに電話しまーす笑」。飲み会でダメダメ発言に出くわしたら？ というシチュエーションです。当事者でダイバーシティ・ワーカーでもある太田さんがしゃべり、そんな太田さんのイベントにやってくるような人たちがそれを聞いておもしろがるとき、そこはそこにいるみんながエンパワーし合う時空だし、陳腐で無力なのは未だに「それ」がジョークになると思っているような誰かたち、ということになるのです。

　というわけで、この出来事がとても印象に残っていたところ、22年度文化祭スクール・ダイバーシティトークライブタイトルをみんなで考えているミーティングで、「どうせウザいこと言うの分かってるんだから、もうポリスでよくないですか？」みたいなことを、その年度の活動をリードしていた当時3年のHさんが口にして、で、その年のトークのメイン・タイトルは「ダイバーシティ・ポリス宣言」になり

ました。それが、今回書いている文章のタイトルでもある
ということです。

③「食べ物」と「虐殺」の間で戦略を考える

①マジョリティ仕様の社会の潜在的欲望に抗うために

「ダイバーシティ」をめぐる空気感はこんな感じになって
いるように思えます。

「もう十分配慮されてるよね？」
「また口にしてはいけない言葉が？」
「これも多様性ということで笑」「それな笑」

　これは、フェミニズムをめぐる空気と似てます●14。ダイ
バーシティの陳腐化が、実のところ、ミソジニー、マイノリ
ティ・フォビア、ウィークネス・フォビア●15と同時進行する
ことはもちろん偶然ではありませんが。とにかくそれでも
「建前（ポリコレ）」としては広がりつつある。いうまでもなく「建前」
は大切です。建前はダサいけどすごく大事。社会を変え
ることは建前を変えることだと言ってる人もいます●16。例
えば、日本中の校長が何かの式上や朝礼でダイバーシテ
ィやSDGsを取り上げて「素敵な発想ですよね」という
感じで言及してくれるとしたら、それは、本当に大切なこ
とだと思います。思いますけど、でも、そのままでは、ダイ
バーシティもSDGsも社会的権威のお気に入りと見なさ
れて、あっという間に「陳腐な建前」になってしまうでし
ょう。なぜか？　この観点は繰り返し登場すると思います
が、あらかじめ端的に言っておくとこういうことです。──

「学校」は、潜在的に、本質的に「マジョリティ仕様」のままやり切ってしまいたいと欲望するし、そこにいる全員が「普通」であることを欲望するから「ダイバーシティ」とは原理的に相容れない、にもかかわらず、そこをスルーして「素敵な発想」とやってしまったら、その表明は致命的な矛盾を含むことになって、相当無関心な生徒や教員にも、というか、無関心であるほど、その「うさんくささ」はしっかりと伝わるからです。それはもちろん言葉の無力化を意味します。こうして、ダイバーシティ・ワーカーは、本来それとは逆のベクトルを持つ学校という時空を、多様性の存在を前提に再構成するというリアルな難しさに加えて、学校的行儀のよさが構成する建前のうさんくささに付き合わされることにもなるのです。無名の詩人のこんな作品はその辺りの空気に対する焦燥の表明です。

　　　朝礼で　校長がいう
　　　多様性　SDGs　ユネスコスクールに選ばれました
　　　── 今すぐにアナキストを讃えなければ

　陳腐化されて、脱力されて、キルジョイとして遠巻きにされると同時に「からかい」の対象にされるような状況で、ダイバーシティ・ワーカーが、自身とその活動をエンパワーするためには、そのすべてを先回りして、思いがけず挑発的であったり、意表をついてふざけたり、とぼけてみたり、予想外にふてぶてしかったりということが効果的なのでは、ということで、ぼくはこのあと、エンパワーのスイッチとしてクィア・アクティビティを象徴するチャント──〈We're here, We're Queer, Get used to it!〉やスー

ザン・ソンタグの〈キャンプ〉論、あるいは、オードリー・タンの「保守的アナキズム」などを参照し、かつその観点からあらためてスクール・ダイバーシティの活動を読み込んでいくつもりですが、わたしたちの活動の中からもこんな言い回しが生まれていて、これもいい感じのスイッチになっています。

> 遠巻きにされるというか、でも、たぶん、そういうこと自体をおもしろがれる生徒や教員がこういう活動を支えていくということだと思うんですよ。なんか、ビミョーな視線浴びてる感じだけど、「そこがおもしろいんじゃん！」とか、「だから、いいんじゃん！」という感じで、読み替えていくことができるような── ●17

この「先回り」感や、十分すぎるくらい繊細だからこそのふてぶてしさ、ぬけぬけとした感じは、今もいろいろな場面で活かされていて、例えば、この本のタイトルにある、「ダイバーシティ・ポリス宣言」ももちろんそうだし、以下の確信犯的にキルジョイな TV 朝礼トークなんかもその事例のひとつです。

②「糖衣」を内側から破る

わたしたちの学校には、毎年 1 学期中間テスト直後にクラス毎の遠足があって、もっともやらかし系のジョークや悪ふざけが盛り上がりそうなタイミングなわけですが、23年度遠足前の最後の TV 朝礼でのトークは、鮮やかなキルジョイぶりでした。タイトルは「“みんな”って、ホントに“みんな”？」

B 「最近はなんか言うとすぐにハラスメントになるし、なんだか息苦しい世の中になったよね」── こんな声をよく耳にします。でも、この「息苦しさ」って悪いことなんでしょうか?

A 「誰かが"ひとり"で抱えていた"息苦しさ"を、"みんな"が少しずつシェアする世の中になってきた」というふうに考えてみるのはどうでしょう?── という話です。

B あえて強い言い方をしますが、例えば、教室で「ゲイ」ネタで盛り上がりたいのに、ダメだって言われて、息苦しい。で、それが苦しくて苦しくて死んでしまった── という生徒は聞いたことがありません。

A 「でも」という話です。教室で盛り上がる「ゲイ」ネタが苦しくて苦しくて死んでしまった── という生徒は世界中にいます。これは事実です。

B 何が言いたいかというと、こういうことです。これまでの世の中はマジョリティのあたりまえに基づいて設計されてきました。それは、「楽しさ」や「笑い」についても同じです。じゃあ、いったいどうすればいいでしょうか?

A 少なくとも、公的な空間、参加がマストな空間、まさに学校がそういう空間だと思いますが、そういう空間では、こんなふうに想像力を働かせるといいのでは、と考えます。

B 例えば、遠足や修学旅行のバスを想像してみてください。「みんな」が楽しんでる、「みんな」が笑ってる── というそのとき、「みんな」というのは本当に「み

ん な」で しょう か？ また、自分は本当に楽しみ切れて
いるでしょうか？

A「どこにだって、誰の中にだって、いろいろなマイノリ
ティがいるはずだ」という想像力をいつも働かせるこ
と、やがて、そんな想像力が「標準装備」みたいにな
ること――を目指すというのはどうでしょう？

B「息苦しい世の中になった」と言って嘆くのではなく、
「特定のマイノリティにばかり負わせていた"息苦し
さ"を、みんなで少しずつシェアする世の中になって
きたのだ」――そんなふうに考えてみるのは悪くない
と思います。(2023年5月18日TV朝礼)

このスクリプトはスクール・ダイバーシティの定例会ダ
イバーシティ・ランチ・ミーティング、通称「dunch」(詳細
は後述)でも話題にしながら、当時3年生のじゅにあさんが
原案を書き、ぼくがアレンジしたものですが、実は当日の
スピーカーは教員で――とも思っていました。見てのとお
り、先回り的確信犯的キルジョイなトークですが、スピー
カーの生徒が悪目立ちしちゃうかなと。でもdunch常連
の生徒たちに聞いてみたら、イケます！ ということだった
ので、やってもらいました●18。

「みんな」で盛り上がろうとする、まさにそのタイミング
で水を差すような振る舞い、「キルジョイ」とはこういうこ
とで、このトークは、マイノリティネタを無邪気に楽しめて
しまうような「みんな」に向けたものに他なりません。そし
て一方で、そんな「マジョリティなノリ」を警戒していたり、
そんな空気にうんざりしていた誰かたちが、「お？」となっ
てくれるといいな、とも同時に思っていました。

いずれにしても、こういったトークを各教室で生徒たち
と共に聞いていた担任教員たちは、そのとき、どんな振る
舞いを？　ということは重要です。その眉の動きひとつで、
足元を見られるかもしれない確信犯的にキルジョイなト
ークを投げたつもりですが、どうだったでしょうか？

　ダイバーシティ・ワークが本質的に持っているキルジョ
イな側面、それは、ときに「糖衣」でくるみ切れない側面
なわけですが、そのとげとげしさはむしろ戦術的にも大切
だと考えます。──「ダイバーシティ」には本来恐ろしい力
がある、だからその示し方次第では、スルーできない、目
が離せない。ぼくは、「食べ物」と「虐殺」の間にまだまだ
たくさんの活路があると思うのです。スクール・ダイバーシ
ティはそのための実践、試行錯誤と言っていいかもしれ
なくて、だから、もう少したくさんの人にそのあり方を届け
られないかということもあって、今回は書いています。

◉1　SDGsが国連で「目標」とされたのが2015年。「SDGsのバッ
ジ、胡散くさい」という感性と「それな笑」は同じ匂いがします。
SDGs啓発記事にはしばしば「SDGsウォッシュと言われない
ように気を付けましょう」という注意喚起が見られます。「SDGs
ウォッシュ」は、「SDGsを隠れ蓑にして何かをごまかそうとして
る」といったニュアンスです。（「SDGsバッジをつける意味と気をつ
けたいこと」https://www.asahi.com/sdgs/article/14676144）。

◉2　セクシュアルマイノリティの就職サイトJobRainbow参照。
https://jobrainbow.jp/magazine/lgbt-percentage

◉3　ポリティカル・コレクトネスときっちり向き合うのが、清水他
〈2022〉。対談形式を採るこの本、しゃべり合う3人はダイバ
ーシティ・ワーカーでもあると思いますが、なるほど感満載。

◉4　この記事なんかは典型的。https://careerhack.en-japan.
com/report/detail/210

◉5　「イスラエルのピンクウォッシュ」を批判しつつ、「台湾のダイバ

ーシティ」を手放しで──という人はありがちなのでは。正直に言うと、ぼく自身がまさにそんなひとりなのですが、このような台湾へのまなざしに対して鮮やかにキルジョイなのが、松田英亮『台湾ホモナショナリズム──「誇らしい」同性婚と「よいクィア」をめぐる22人の語り』(花伝社2024)。松田さん自身もそのスタンスについて「水を差す」という言い方をしているように、確信犯的にキルジョイで、そして、多様性に対してフェアな本だなと。SDもこんなめんどくささをいつも纏っていられるといいなと思います。

●6　アーメッド〈2022〉、p168。

●7　毎週水木の朝礼はTV朝礼です。水曜は校長主催の学校朝礼、木曜は生徒指導部(以下、生徒部)主催の生徒部朝礼、10分くらい。申請すると1団体あたり最長3分くらいもらえます。SDは全朝礼コンプリートのイメージで毎週何かしら用意してます。SDにとって最も重要な広報の機会だからです。ただ、いろいろ困っている生徒たちによかれと思ってしゃべったことで、むしろ居心地を悪くさせてしまうというのはありうるわけで、それについては「●18」で少し踏み込んだ議論をしています。

●8　アーメッド〈2022〉、p172。

●9　アーメッド〈2022〉、p166。

●10　現行ルールはこう。「セーラー服×スカート」「セーラー服×スラックス」「学ラン×スラックス(夏季略装ではシャツ×スラックス)」というパターンがいわゆる「制服」です。「登録上の女子」(この言いまわし、当時高3のじゅにあさんが使い始めました)は、前二者のどちらかを選ぶことができますが、「学ラン・シャツ×スラックス」パターンについては「規定以外の服装願」を申請します。また、「登録上の男子」は実質「学ラン×スラックス(夏季略装ではシャツ×スラックス)」パターンしか認められていません。わたしたちは性別にかかわらずすべてのパターンからの選択制を求めています。

●11　ぴったりの事例として思いついたのは、ミン・ジヒョン『ぼくの狂ったフェミ彼女』(加藤慧訳、イースト・プレス 2022)の「彼女」。「彼女」は、まさに「フェミニスト・キルジョイ」かと。ちなみに23年度文化祭「大人dunch」ではこの物語の読書会をやりました。https://ameblo.jp/sksd14/entry-12827719923.html

●12　ダイバーシティ・ゼミでも発表してくれたことのある卒業生が

このサークルのメンバーで、イベントを教えてくれました。https://ameblo.jp/sksd14/entry-12389424598.html

●13 太田さんはオープンリー・ゲイとして「ホモネタ論」をエンターテイメントしてくれました。その後、卒業生で小説家の小野美由紀さんの紹介でSDのトークイベントのパネラーをやってもらったり、成蹊中学でセクマイ入門的な講師をやってもらったりもしました。その太田さんのチーム「やる気あり美」ですが、その紹介はこんな感じ。──やる気あり美は、「世の中とLGBTのグッとくる接点をもっと」というコンセプトで活動するクリエイティブチームです。個人名ではなくチーム名であり、"び"でなく"み"です。名前はノリで決めてしまったので、特に意味はありません（すみません）。でもノリはポリシーを食べやすくしたもののことだし、とても大切だと思っています。笑えることが、好きです。メンバーはLGBTもいればLGBTでない人もいて、つくるのは記事、アニメーション、実写動画、音楽、脚本、イベントと幅広いです。https://yaruki-arimi.com/

●14 こういった空気は「ポストフェミニズム」とも密接なのでは。例えば、菊地夏野『日本のポストフェミニズム』（大月書店2019）などを参照した感触です。

●15 「ウィークネス・フォビア」は、内田雅克『大日本帝国の「少年」と「男性性」── 少年少女雑誌に見る「ウィークネス・フォビア」』（明石書房2010）で定義された造語で、「弱に対する嫌悪と、弱と判定されてはならないという強迫観念」のこと。近代日本の事例から導かれたものですが、現代社会にもこんなマインドを感じます。「弱者」と見なされたくないし、「弱者」の味方と見なされるのも我慢ならない、「弱者」なんか本当はいない、そこにいるのは「敗者」だ──。

●16 上野千鶴子さんの発言から。「セクハラだって、男の下心までは変えられない。だけども、行動に出せばアウト。社会変革っていうのは、タテマエを変えること」

https://digital.asahi.com/articles/ASM756K8VM75TIPE034.html

●17 これは、NPO法人ReBit主催のシンポジウム「学校で伝える多様な性── 先生と学校づくりを考える」（2018年9月24日「高校分会」）での卒業生の発言。（久保田・四ノ宮凜「スクール・ダイバーシティってなんだ？」『成蹊論叢』2019）。

●18 スピーカーやってくれた生徒たち、なんだか誇らしかったです。ここではキルジョイとして振る舞うという難しさとは別の難しさ

にも触れておきます。このときのような強度の高いエピソード
やもの言いが、「苦しくて苦しくて」の誰かたちにとって何かし
らのトリガーになってしまうという可能性はつねに頭にあって、
簡単ではありません。どう考えるかというと、例えば、このタイ
ミングで突き刺しておくこと、キルジョイをやり切っておくこと
の方が、そうしないよりも「苦しい」を防げるかなと、そんなふ
うに考えます。ちなみに、2024バージョンは次のようにアレン
ジしました。

B あえて強い言い方をしますが、例えば、教室で「ゲイのタレ
ント」をネタにしたり、誰かの見た目をいじって盛り上がり
たいのに、ダメだって言われて、「息苦しい」――。でも、そ
れが苦しくて苦しくてもう限界！――という生徒は聞いたこ
とがありません。

A 「一方で」、という話です。教室で盛り上がる「そんなネタ」
が苦しくて苦しくてもういろいろ限界――という生徒は世
界中にいます。これは事実です。

生徒たちはますます繊細になっているから少しソフトに
――という声も、深刻さを伝えるためには強度を保った方
が――という声もありました。そんないろいろをふまえてみ
たつもりではあります。

ちなみに、生徒によるTV朝礼トークはその団体の責任教員が
事前チェック。SDの場合、ぼくがスクリプトを書くのが定番で
すが、生徒が書いてくることもしばしば。22-23年度などは生
徒が書いてきて、ぼくが整えるパターンの方が多かったかもし
れません。スクリプトは、前日にはみんなで共有、朝礼直前に
スピーカーとぼくで最終確認＆読み合わせ、本番という流れで
す。

第2章

スクール・ダイバーシティへ
ようこそ

　さて、あらためてスクール・ダイバーシティですが、2013
年冬以来、主にわたしたちの学校、成蹊高校で活動をし
ています。ここ数年、「常駐メンバー」という感じなのはだ
いたい10名弱、生徒と卒業生と教員が遠巻きにされな
がら、「学校」という時空の「マジョリティ仕様」を見直し、
「多様性仕様」へと再構成できないかということで活動を
続けているわけです◉1。

1 学校のなかのスクール・ダイバーシティ

① 部活でも委員会でもないし生徒会とも距離がある

　スクール・ダイバーシティは、組織図的にはいわゆる
「生徒会」に紐づけられています。だから「生徒会スクー
ル・ダイバーシティ」を名乗ることもあります。何か制度的
な背景があった方が活動しやすいだろうということで、生
徒部主任と相談して、そうしてもらいました。ということで、
制度的には生徒会の中に「スクール・ダイバーシティパー

ト」があることになっていますが、「パート」自体がない年度もあるし、そのことに誰も気づかないこともありました。まあ、だから、生徒会との関係は形式的なものだということです。

「ダイバーシティ・グループを立ち上げたい──」という声は、学校としてはたいへんやっかいだったと思います。めんどくさいことを持ち出すに決まってるし、認めないというのも厳しい。生徒部主任としては苦肉の策ということだったと思います。ちなみに生徒部主任はこの間代わっていません。つまり、わたしたちのめんどくさい言動と学校の板挟みで10年以上ということで、それでも生徒部主任自身も、案外おもしろがりながら（だと信じることにしています）、巻き込まれてしまったダイバーシティ・ワーカーとしてのらりくらりと付き合ってくれています。

　いずれにしても、2013年にスタートしたわたしたちの活動は翌年春までに「生徒会スクール・ダイバーシティ」として公認されます。ただし、部活や委員会とはずいぶん違います。例えば、入退部届のようなものはないし、学校側への名簿提出もありません。ただ、自ら名乗って活動する生徒や、上述のようにTV朝礼でスピーカーを務める生徒もいるし、調査書や推薦書などの書類に活動の記録を載せたい場合は、生徒が自己申告すれば公的な活動として記載されます。ということなので、いわゆる部長やキャプテンのような常設のリーダーはいなくて、プロジェクトやイベントごとにメンバーもリーダーも流動するというやり方です。ほとんどすべての活動は、わたしたちの定例ミーティング、「ダイバーシティ・ランチ・ミーティング」、通称dunchの場で、「なんとなく合意？」という感じですす

048

められていくわけですが、ぼくはこのスタイルが気に入ってます。タイトな制度によって組織がちゃんとするというようなことよりも、dunchをはじめとするスクール・ダイバーシティの時空が、アジール的な時空を構成することの方が大切だと思っているからです。この点についてはもう少し具体的に記述することになるかと思います。

　それから、そもそもメンバー（というよりも「常連」といった方がハマるような気がします）は生徒だけではありません。もちろん、ダイバーシティ・グループに参加すること自体、特有のハードルがあって、それをクリアすることは簡単ではないわけですが、とにかく、生徒も卒業生も教員も、ときに校外の誰かであってもそこにいる限りメンバーです。外部のメンバーも含むメーリングリストと校内用のチャットグループがあって、そこに登録すると情報が共有できる仕組みになっています。流れてくる話に乗るかどうかは、各人の自由です。だから、大人しかいないイベントやミーティングも珍しくないし、生徒しかいないこともももちろんあります。つまり、スクール・ダイバーシティは、高校生（ごくごくまれに中学生も）から大人まで含めた、流動的で小さな社会運動の場という感じでイメージしてもらうと、それが当たりなのかもしれません。

　という感じなので、部活や委員会のように生徒会費から活動費を出してもらうということもありません。イベントごとに生徒部と掛け合って、「生徒会の活動」と見なされれば生徒会費から費用が出るし、そうでなければ生徒部の活動費から出してもらったりという形です。では責任の所在は？ ということですが、制度的には、年度ごとにダイバーシティ担当教員複数名を生徒部に置いてもらって、

それが部活の顧問のような役割を果たしています。そして、ぼくはスクール・ダイバーシティ担当のチーフという形で、この活動に携わっているというわけです。ただし、こういったいろいろは、どこにも明文化されていません。「委員会にしてはどうか？」という提案もありましたが、そういうんじゃないんだよなあ、ということで思い出したのは、オードリー・タンが言っていた「リバース（逆）メンター」制度です。それは若者がベテランのメンターになって、アイデアにフレッシュな刺激を入れていくという制度です。ぼくは、この制度をアレンジして、「リバース」というだけでなく生徒、卒業生、教員が「ミューチャル」（相互）にメンターを担っていくようなことをイメージしているので、メンバーがタイトに規定されるのも、委任／被委任という関係もそこにはそぐわないし、遠巻きにされてるグループにハードルを越えてこっそり参加するとか、そんなところも悪くないと思っているので、やはりちょっと違うんですよね、「委員会」というのは。

②dunch ってなんだ？── ダイバーシティ・ランチ・ミーティング

　創設当初から定例のミーティングはやってきましたが、それを「ダイバーシティ・ランチ・ミーティング 通称dunch」としたのは2015年度です。これもやはり、なんとか少しでもハードル下げたいね、というところから来ています。「dunch」という通称は、ぼくが思いついて出てきたような気もしてましたが、卒業生Ｙさんと話をする機会があって、聞いてみたら、Ｙさんの発案でした。で、ぼくはそれに喜んで乗ったみたいです。まあ、だから記憶っていうのは、ホ

ント、都合よく再構成されるということで、そんなことも込みで読んでもらえればと思いますが、いずれにしても、今、成蹊高校では「dunch」を知らない人はいないと思います。少なくとも活動はその程度には浸透しています。ここでは、このわたしたちのミーティング、dunchについてちょっと具体的に。

　わたしたちは、毎週1回、みんなが集まりやすい曜日の昼休みに集まってダイバーシティないろいろについて話を持ち寄ります。23、24年度は毎週火曜12:30-13:05、予約した小さめの教室に集まって、ごはんを食べながらミーティングがはじまります（コロナ期間は参加生徒には黙食タイムを取り、その間は、教員たちが何かしらダイバーシティなテーマで好きなようにしゃべってました）。毎回の開催情報は直前放送や全校生徒が参加するTeamsで告知しています。で、イベントの企画や準備から、ダイバーシティなニュースや身の周りの出来事、映画やマンガ、本などなどの共有まで、ほとんどすべてはそのdunchを経由します。参加人数は2、3人のときもあれば、20人を数えるようなこともありますが、メンバーと呼べそうなのは例年、生徒7、8名、卒業生若干名、教員若干名という感じでしょうか、まあ10名くらいという感じです。そして、すでに組織についての記述にもありますが、メンバーシップはないので、スクール・ダイバーシティと目指すところを共有していると思ってるならば誰でも参加できるし、これは違うかも、ということになれば次からは来ない、ということで、出入り自由です。

　とはいっても、参加にはハードルがありますよね。めんどくさい人認定、意識高い系認定、推薦狙い？　そして、何かのマイノリティ？…といった悪目立ちの可能性もあるし、

051

昼休みはつぶれるし、どうしても「勉強の時間」っぽいし、部活も委員会も宿題もあってこれ以上ムリ──ということで、本当にいろいろなハードルを越えてこないとそこで活躍するどころか、様子を見に行くことすらままならないというのが実情だと思います。というわけで、結局、過剰に正義でめんどくさい人たちが、めんどくさくてよく分からないことを言ったり、やったりしているのをみんながなんとなく遠巻きにしているという感じ──と言えば、dunch、そして、スクール・ダイバーシティをめぐる学校内の空気感をイメージしやすいのではと思います。これなんかも、いったいどうすれば？ ということになるでしょう。もちろん、そんな空気自体を揺さぶることも活動の大切な目的のひとつということになります。

　一方で、スクール・ダイバーシティの存在自体が当たり前になっているとも感じます。新入生からすれば、入学に先立ってすでにスクール・ダイバーシティはあるわけですから。だからこそですよね、学校的行儀の良さ、学校的あたりまえとの距離感、つまり、社会的権威との距離感は大切になります。そこをうまく伝えないと、「学校のエージェント？」みたいになっていきなり陳腐化です。いずれにしてもスクール・ダイバーシティの活動に参加するには決して低くはないハードルがいくつもあって、それを乗り越えてくるか、あるいはハードルをそれとは感じないような感性をたまたま備えているかしないと、ということで、やはり簡単ではありません●2。

　ということなので、いつも仲間がたくさんという感じではないです、というか、イベントを開催しても担当メンバーとその知り合いひとりしか来ないことだってありました。誰に

頼まれたわけでもなく、誰も来ないかもしれないイベント
をがんばって準備しつつ、おもしろいと思うんだけどなあ
という半信半疑、こんなのも悪くないとは思いますが。と
にかくそこにいるやつで、やる、自分しかいなくても大丈
夫、自分がやればいいから。こんなふうに考えてると、な
んでもできます、これは本当にそうです。かといって、わた
したちもまったく手をこまねいていたわけではありません。
ということで、「呼び掛け」の事例をいくつか。

② dunchへようこそ── めんどくさいことを やろう！ 遠巻きにされよう！

　呼び掛けは、TV朝礼トークや「ダイバーシティ通信」●3、
すでに述べたように放送やTeamsで行われます、そこに
は、各種先回り、からかいの先回りだったり、「何やってる
かよく分からない」の先回りだったり、キルジョイやポリス
の先回りだったりがちりばめられていると思います。うまく
いったかどうかは別として、「いったいどうすれば？」に対
する当面の「こうすればどうかな？」を読み込むことができ
るのではということで、いくつか事例を。

①呼びかける
　ここでは1年生に向けたTV朝礼トークを見ておきます。
このときの「1年生dunch」についてはトークのスクリプ
トだけでなく、朝礼で掲げたボードも、「ダイバーシティ通
信」も、当日のかなり詳細なメモも残っているので、活動
のイメージをとらえてもらうという意味でも、ちょうどいい
事例かなと思います。まずは、スクリプト、つづいて、ボー

053

ドをあげておきます。

A 男らしさ、女らしさ、LGBTQ+、オタク、ぼっち、「コミュ障」、スクールカースト、帰宅部、「変な人」、人種、そして、制服 —— ダイバーシティは、どこかあやしげで、めんどくさいことばかりテーマにしています。

B というわけで、生徒からも教員からもなんとなく「遠巻き」にされているような感じなんですけど、でも、活動はすでに10年目を迎えています。どうしてでしょうか？

A それは、——だからこそおもしろいんだよ！ とか、そこがいいんじゃん！ という知的あまのじゃくな誰かや、周りなんかそもそも気にしない好奇心ファーストな誰かや、理不尽にピンと来たからにはスルーしたくないという生徒や教員が、不思議と一定数はいて、dunchにやって来るからです。

B でも、そんな自分に気づいていない人や、そんな自分を抑え込んでしまう誰かもいるでしょう。なので、みなさんには、この放送や先日の「ダイバーシティ通信」をきっかけに、あらためて自分という人間をチェックしてもらえるといいかなと思います。

A さて、他にもこんな人はわたしたちの活動に向いていると思います。例えば、「自分の〈好き〉を言い合える場所がほしい」「AOや総合型入試に使える何かがほしい」「なんか学校のルールおかしくない？」——というようなみなさん、ぴったりです、ぜひ。…（2022年1月20日TV朝礼）

当日掲げた「ボード」

　多様性とその平等とフェアネスのためにいろいろやる
よ、ということを明示して、そして、「こんなふうに言われて
るみたいだけど、その通り！」的な先回りをしつつ、それを
ポジティブに読み替えてみるというやり方、で、そのうえで、
ピンと来た生徒、教員はぜひ！――というメッセージにな
っています。「めんどくさいことばかりやってるめんどくさい
誰かたち」、それゆえ「遠巻きにされてる誰かたち」、でも
「そんな状況自体をおもしろがれてしまうような知的あま
のじゃく」は、悪くないでしょ？　確実にマイノリティだけど
――というメッセージ。で、そんな世界に、空気を読まな
い＆読めない好奇心ファーストな誰かたちやとにかく理
不尽をスルーしたくない誰かたちや、そんな時空で安心し
て「自分の好き」をしゃべりたい誰かたちを巻き込めたら
ということです。さて、そんななか、「総合型選抜とかに使
えるよ」的な呼びかけについては少し掘り下げておきます。
　こんなことを考えています。ダイバーシティな問題に関
心はあるけど「キャラじゃない」的なこと、照れくささみた
いなことで、dunchはじめスクール・ダイバーシティの活
動にアプローチできないという生徒にとっては、「進路」

を持ち出した呼びかけは、いいアリバイになるのではない
か。「いや、推薦に使えるかなって…」というエクスキュー
ズは、悪くないでしょう。学校には「無関心を装わされて
る」層があって、そこは決して薄くない——と、卒業生の
ひとりが言っていたのですが●4、そのとおりだと思います。
そんな誰かたちが使えそうなアリバイをうまく配置できな
いだろうか、そしてそれが直近の未来にもつながるような
企画はできないだろうか、そんなことを考えているというこ
とです。例えば、コロナ前、2017-19年度は本格的にこの
タイプの企画をやってました。総合型や各種推薦、海外
大学志望で、志望動機や研究計画にダイバーシティなテー
マを選んだ生徒を募って、そういった方式で進学した
スクール・ダイバーシティ卒業生に話を聞いてもらい、ア
ドバイスを受けるという企画です。スクール・ダイバーシ
ティにはもともと総合型や海外志向の生徒も少なくないし、
適性を備えている場合も多いので、応募者は結局スクー
ル・ダイバーシティメンバー、ということになりがちでした
が、それでも、思いもよらなかった生徒が現れることもや
はりありました。

　この「無関心を装わされてる」層についてもう少し。こ
の層については、学校の「授業」もたいへん大きな意味を
持つと考えます。その教室にいる生徒全員に、強制力をも
って行われる「授業」という形式は、ダイバーシティな問
題に関心はあるけどいろいろハードルがあってそこにアプ
ローチできないという生徒、学校的空気によって「無関
心を装わされている」生徒たちにとって、これ以上ないアリ
バイになるからです。決して少なくないはずのそんな誰
かたちが、いかにも無関心なたたずまいのままに、実のと

ころちゃんと話を聞いていて情報をキャッチし、ウザそうに参加したグループワークでいいことを思いついたりする（誰にも言わないかもしれないけど）ということが、「授業」でなら可能なのです——ダルいけど、レポートあるからしょうがないわ、というエクスキューズ。ちょっと成績ヤバいから、この授業で稼ごうかな——というやり方だっていけるでしょう●5。で、そんな生徒がひとりでもふたりでも、例えば、翌年の東京レインボープライド（2025年からは「Tokyo Pride」）に足を運んでみたり、あるいは「大学デビュー」や「社会人デビュー」してくれれば、それは本当にナイスだと思います。そして、そんなとき、その出身校にわたしたちのようなダイバーシティ・グループがあれば——と思わずにいられません。実際、「大学デビュー」、「社会人デビュー」した卒業生たちが、スクール・ダイバーシティの活動に顔を出して、大きな力を与えてくれることは、めずらしいことではないのです。

　もちろん、「授業」には、大きなリスクもあります。「授業」はまさに社会的権威の一部、授業担当者はそのエージェントに他ならないし、それが単に「代弁」の機能を果たしてるだけと見なされれば、むしろ、「ダイバーシティ」の陳腐化を加速させることにすらなるからです。だから、授業内容のクオリティは絶対的な条件になるし、授業担当者の立ち居振る舞いのすべてはジャッジされると思っていなければならないでしょう——「また多様性？」「それな笑」はつねに、すでに隣り合わせです。

②dunchの世界

「1年生dunch」の様子を通じて、dunchの進め方、雰

057

囲気なども伝えられるかなということで、ちょっと詳細に。
当日は11名の1年生が顔を出してくれました。「女子」が
9名だったはずです。他に、2年生「女子」2名、教員3名
(「女性」1名、「男性」2名)が参加(この時期はもう3年生はほと
んど自宅学習)。コンテンツはこんな感じです。

1. もぐもぐタイムミニトーク
   ①「スクール・ダイバーシティ入門？」
   ②直近のイベント
2. みんなでしゃべってみる
   ①今日はどうしてここへ？
   ②ここで何ができると？
3. 次のイベントを考えてみる

● ぼくのトークはイマイチだったけどナイスなエピソードを
　伝えられました

「1. もぐもぐタイムミニトーク」は、コロナ禍での苦肉の
策です。生徒は「12:40」まで「黙食」なので、その間はそ
の場にいる教員がしゃべりますが、このときは主にぼくでし
た。やってきたテーマやイベント、制服着用ルール改善や
食堂の「ひとり席」設置など成果の紹介、そして、強調し
たのは、「らしさの呪い」からの解放を目指している、自分
も他の誰かも解放されることを同時に目指してるよ──と
いうことでした。あと、メモによると「"変な人"として堂々
としていられるようになって卒業しよう」ということもちょ
っと得意な感じでぼくが言ったようですが、これについて
は、「個人ががんばってそんな人になる」というニュアンス
がよくないですよね、そうではなくて、「誰もがそうしてい

られるような空気を作っていこうよ」——が正解だったな
と、メモを振り返っている今はちょっと残念な気持ちです。
ちなみに、「イントロダクション」で触れたクィア・ネイショ
ンのチャント、〈We're here, We're queer. Get used
to it!〉——自分たちはここにいる、そう、自分たちは変態
でヘンテコだけどここにいる——っていうことに、いいか
げん慣れろよ！ も、紹介しました。おもしろがってくれた
ように見えましたが、喜んで紹介したぼくに合わせてくれ
たのかもしれません。

　つづいて、直近のイベントの紹介。ちょうどこの数日前
に、スクール・ダイバーシティの企画、フィルム・ダイバー
シティから生まれた映画「アスタースクールデイズ」●6の
上映会＆トークライブが、HRの時間を使って成蹊中学
1年生対象に行われました●7。メインキャストのひとりだ
ったTさんも登壇者でしたが、こんなナイスなエピソード
を残してくれたので、「1年生 dunch」で紹介させてもら
いました。

　鮮やかなダイバーシティ映画を観て、トークで監督や
出演者、スクール・ダイバーシティの高校生の話を聞いて、
多様性ってこういうことかあ、ということになって、そこま
ででもすでに十分だと思いますが、最後、質問コーナー
の時に出演時（「番上」役）とはぜんぜん違う髪型、「ロン毛
真ん中分け」で登場したTさんに対して、「なんで長い髪
に？」という質問。で、会場には「あまりいい感じではない
笑い」が——ということで、「らしさの呪い」からの解放を
描いたあの映画のあとの空気感としてはちょっと…という
感じだったみたいなのですが、でもTさんはこんな切り返
しをしてくれたらしいのです。「自分はこれがかっこいいと

スクール・ダイバーシティへようこそ

059

思ってやってる。それは短い髪形がかっこいいと思ってやってるのと同じでしょ?」

Tさんは250人の中学1年生の前で、もう一度あらためて、あの「多様性仕様になった番上」を演ってくれたんだと思います。ぼくはその場に行けなくて、聞いた話だから余計にそう思えるのかもしれませんが、ちょっと最高すぎるでしょ、これは。けっこうな数の生徒がこの切り返しにハッとすると思うし、そうでなくとも学年の教員がこの部分をあらためてクラスで話したりすれば、その効果は小さくないと思います。というわけで大成功、イベントやってよかったなということで、こんなエピソードを「1年生dunch」で話せたのも本当にラッキーでした。

● 「案外伝わってる」と見ていいのかな?
「2. みんなでしゃべってみる」は、人数が多かったので、グループワークで。1年生の小グループに上級生や卒業生、教員に入ってもらって、ぼくは歩き回ってという、これはよくやるスタイルです。この時間、わたしたちの「呼びかけ」に対するレスポンスを見ることができたという点でもおもしろかったし、ある程度関心のある生徒たちの受け止めという点からも興味深い時間でした。テーマは「今日はどうしてここへ?」「ここで何ができると?」――列挙しておきます。

〈今日はどうしてここへ?〉
 ◆ 「制服」でピンときた、具体的に知りたくなった。
 ◆ 朝礼で知ってずっと気にはなってた。
 ◆ ひとりだと来にくいけど「1年」限定は参加しやすい ●8

◆ 校則の少ない学校にしたい。

◆「めんどくさい人になろう！」に乗ってみた。

◆「ダイバーシティ通信」を見て来ようと。

◆ 誘われた。

◆ 視野を広げたい。

◆ 自分は男女の区別を意識しないからこそジェンダーの問題が気になってた。

◆ 新しいことを始めたかった。

◆「LGBT」について知りたくなった。

◆ 話し合いが好き。

◆ ふらっと来た。

〈ここで何ができると？〉

◆ この空間で自分を知ることができる。無自覚に自分にブレーキを掛けてることとかも。

◆ 部活とは違う世界。

◆ ふだん言えないことを言える。

◆ 自分だけかも？という考えを共有できる。

◆「なんとなく」を「ちゃんと化」できる。

◆ なんでも取り上げることができそう。

　こうしてメモを振り返ると、いろいろなことが見えてきます。もちろん「ある程度関心のある生徒たち」についてということですが、初登場の1年生たちが出してきた、例えば、「制服」「校則」「LGBT」「ジェンダー」といったワードからは、スクール・ダイバーシティが何をテーマにしているかということがなんとなくではあっても、周知できてるということが分かります。また、TV朝礼トークや「ダイバーシ

ティ通信」が少なくともこの層には届いてるということも見えてきますが、この意味は小さくないと思います。「この層」は、この本をそこに届けたいと考えている「層」の一部、「潜在的ダイバーシティ・ワーカー」にほかならないからです。さらに、そんな「層」に、スクール・ダイバーシティの時空が、何かしら「解放」につながる時空だというイメージを与えていそうなことも見えてきて、これも悪くないなと。「ここで何ができると？」のメモにある、「この空間で自分を知ることができる。無自覚に自分にブレーキを掛けてることとかも」なんかは象徴的だと思います。普段とは違う時空で、普段なら言えないことを言えて、普段なら「自分だけの問題？」としてスルーしちゃうことが「みんなの問題」だと分かったりする、そんな時空というイメージ、これは大事にしていきたいところです。それから、メモのなかでも、とくに、"「めんどくさい人になろう！」に乗ってみた"というのは、かなりナイスです。ぼくは、これ、もっとも大切なフレーズのひとつだと思っていて、キルジョイでポリスなダイバーシティ・ワーカーであることを、それ自体をおもしろがってやろう、という話につながるひと言だと思っているからです。

● 実現可能性は無視してやってみたいことをしゃべってもらう

　さて、この日のコンテンツの最後、「3．次のイベンドを考えてみる」ですが、これはもちろんレギュラー dunch でもやります。実現可能性のことはあまり考えずに、とにかくやってみたいこと、やるべきだと思うことをどんどん出してみる、という時間を取るということです。この部分については、それまでに dunch で積み重ねたものと、当日出

た声が混然としています。ただ、これを見てもらうと、スクール・ダイバーシティがdunchで何をしゃべっているのか、ということが具体的になるし、普段よりもなんだか解放されている時空で、普段は口にしないけどもやもやしてることや、普段はスルーしちゃってるいろいろをイベント化してみる？ というときの、ちょっとした高揚感みたいなものが伝わるのではとも思うのです。

- ◆ 海外の学校のダイバーシティ事情を在外経験者にインタビュー。
- ◆ 東京レインボープライド2022に「成蹊ブース」を出したい。
- ◆ 座談会「男子とフェミニズム」おもしろいかも。
- ◆ そもそもフェミニズムについてちゃんとやってみたい。
- ◆「留学生目線の学校」を再現してみる。留学生、孤立してしまっていないか？
- ◆ 海外のダイバーシティなところに行ってインタビュー！北欧？ 台湾？
- ◆ ダイバーシティなメディアに逆インタビュー！「バズフィード」や「ハフポスト」！
- ◆ これって女性名詞？ 男性名詞？ ジェンダーレス？ —— 身の回りのすべてをジェンダー化してみる。
- ◆ レズビアンバーやゲイバーに行ってみたい、話を聞いてみたい！●9
- ◆「バリアフリー・チャレンジ」プロジェクト！ 学校中車イスで動き回ってみる。
- ◆ 目隠し、耳栓とかで学校生活してみる。
- ◆「貧困」をちゃんと学び、考える。トークイベント？ 読

063

書会？

◆ 生理のことちゃんと勉強する＆トーク。

◆ トイレに生理用品の無料設置を要求する！

◆ ヤングケアラー問題を考える。

◆ 自分のなかのやばい傾向。「自分には弱者嫌悪の傾向があってどうすればいいだろう？」みたいなやつ。

◆「授業配信できるんだからコロナに関わりなく配信すれば？」──を討論！ 学校来れない生徒もいるから。

◆「特別支援」について学びたい。

　このなかからだと、「バリアフリー・チャレンジ」ですね、「成蹊バリアフリーチェック」と名を変えて、けっこうなイベントを実施することができました。これについてはあらためて言及します。というわけで、dunchの様子を駆け足で見てきましたが、次の節では、スクール・ダイバーシティとdunchをもう少し引きでとらえ直してみたいと思います。

③ハードルの先のアジール

● 簡単ではなくてもアジールな時空を

　ぼくはスクール・ダイバーシティの場に、学校にあって学校とはぜんぜん違う価値観がありうるような時間と空間、ちょうどアジールのような時空を創り出せるといいなとも考えています。古来世界各地に存在した「時の権力が通用しない場」[10]、支配の及ばない時空、端的に言って学校によるさまざまな支配が一時的にであっても及ばない時空、だから、学校を「マジョリティ仕様」から「多様性仕様」へと再編成するためのいかなる言動もありな

時空、そして、支配したりされたりしない空間、その意味でくつろげる場のことです。そんな、アナキストも夢見るような時空をイメージしています。そんな時空からでなければ、本当にはフレッシュなアイデアは出てこないのではないかとも思うし、スクール・ダイバーシティそれ自体が学校の中のアジール —— 心身に迫る脅威からの避難所、社会的権威とは異なる価値観が「あり」な時空、という意味でのアジールのようであることが、学校を変えていくためにはとても大切なことだと考えています。

　もちろん、簡単ではありません。いろいろなハードルを乗り越えて dunch に顔を出しても、そこにフィットしなくて離れていく人たちはいます。誰でも参加することはできるけど、誰にとってもくつろげるアジールというわけにはなかなかいきません。生徒にとっても、卒業生、大人たちにとってもそれは同じです。先ほどの dunch の様子を思い出してみてください。あんなふうに、実質30分という枠のなかで、本当にたくさんのことをやり取りすることがめずらしくありません。人数も少なくてのんびりしてるときももちろんありますが、いずれにしても、何かしらダイバーシティなことを思い付いては、しゃべる、考えては、またしゃべる——いつでも簡単にできることではないです。そのときどきで、そこもやはり、誰かにとってはアジールであっても、他の誰かにとっては息詰まる時空ということになるわけです。

　ではレギュラーメンバーのようになってそこで活動を続ける誰かたちはどういう感じなんだろう、ぼく自身も含めて——と振り返ると、もちろんいつも気持ちよくくつろげているわけではないですよね。毎回いいことを思いつくわけ

065

じゃないし、いつもみんながハッとするようなニュースを持っているなんていうこともない。だから、ふと空白の時間ができてしまったり、なんだかズレたことを言ってしまったり、ということで、ちょっと居心地が悪いときだってある。ダイバーシティな時空であるはずなのに疎外感——という悲しいことだって起こります。じゃあアジールは、夢見がちにすぎるのかというと、そうも言い切れないと思うのは、それでも、生徒たちは授業のときよりも、教員は職員会議のときよりも確実にしゃべるし、なによりも「普段の友だち」としゃべるときには話題にしない、というか、話題にできないこと、気になってるし思いついてもいるけど口にしない、できないいろいろを、そこでは、少なくとも考えるし、しゃべり合っています。で、それぞれ考え込んだり、何も考えられなかったり、しゃべったり、笑い合ったり、ええ?ってなったり、茫然となったりしながら、居心地の悪い時間もみんなでしのいでいると、パッと視界が開けるような心地よさを共有できることもまたあるわけです。

● 「成蹊バリアフリーチェック」、障害の社会モデル

　例えばこんなことがありました。学校中を車イスで動き回ってバリアフリーチェック——というプロジェクトを進めていたときのことです。成蹊中高は広いし緑豊かだし、落ち着いたキャンパスでもあって、悪くないと言えそうですが、ただ現時点では、古い施設と新しい施設が混在していて、その連絡ポイントや古い施設のある部分についてはチェックするまでもなくバリアなことは明らかで、それぞれの施設を管理する教科からは、もちろん改善要求が出されています。そんなこともあってか、はじめから分かっている

ことを、ここもダメ、あそこもダメ、とやるのは、なんか、どうでしょう？──といった声が教員から上がったりもしていて、どうしたものかということをグループワークでしゃべり合ったdunchのあと、回収したワークペーパーにこんなメモがありました。

　　成蹊には車イスの生徒や教員がいないけど、それは、成蹊を実際に見て、ここではムリだと思うからなのでは？

　この生徒の気づきは、オードリー・タンの次の指摘そのものです。

　　たとえば私が子どもの頃は、街を歩いていて車椅子に乗った人を見かけることはほとんどありませんでした。当時の台湾人はみんな健脚で、車椅子の人がいなかったからではありません。戒厳令下の台湾は、…ユニバーサルデザインの概念などみじんもなく、公共インフラは車椅子の人に優しいものではありませんでした。つまり、車椅子の人たちは、外出したくてもできなかったのです。●11

　ここでジャッジされているのは学校／社会です。「段差」を放置している学校／社会こそが「車イスを必要とする誰かの状態」にとっての「障害＝バリア」を作っているのであって、「車イスを必要とする誰かの状態」自体が「障害」なのでも「バリア」なのでもないという、いわゆる「障害の社会モデル」という考え方ですが、この発想が紹介、

共有されたときなんかは、まさにハッとするような瞬間だったと思います。おお！──という空気感ですよね、そんなときは。

　なかなかいいこと閃かなくて「空白」のような時間を作ってしまうのはお互いさま、高校生も大学生も院生も教員もたいしたことなかったり、キレキレだったり、いつも自分が躍動できるわけでもないけど、それでも続けられるのは、居心地の悪さみたいなものもみんなでシェアするような感覚なのかなと思っています。

　なんとかハードルを越えてきた誰かたちは、こんなふうにして、それなりにだけど他の空間よりはくつろげるかも、とか、しゃべりたいこと、しゃべり合うべきだと思っていることを、ここでならよりしゃべることができるかも──というような感触を得て、しばらく顔を出してみて、そんな経験を重ねるとレギュラー化するのかなと、そんなふうには感じています。そうして、いつも数名の、やはりめんどくさくて、おもしろくて、ヘンテコで、それぞれ何かしら賢さを持った誰かたちが定着して、結局活動は10年を超えているというわけです。

●1　活動の概要については公認のブログがあります。https://ameblo.jp/sksd14/

●2　卒業生の渡辺みのりさんが、その卒業論文（「高等学校における特別活動の課題と展望──生徒の自主性の育成に着目して」2019年度お茶の水女子大学文教育学部）で、「活動への生徒参加が進まない理由は何だろうか」として生徒、卒業生の声をまとめています。＊SDは学校の中で異質なものと見なされてる。＊dunchに参加すること「それ自体がカミングアウト」。＊参加は勇気のいること。＊クラスでは1人にしかdunch参加を打ち明けていない。──というわけで、やはりハードルは高そうです。一方でこんな声も。「リベラルでボランタリーな活動は、自分より「イ

ケてる」人たちが担っているように感じていた」。このあたりア
レンジできればおもしろいかもしれません。

●3 SDの不定期の情報ペーパー。現在No81まで発行中。イベン
ト告知、活動報告、コラムなどなど。21年度以降は、Teams
を使って手軽に情報発信できるようになったこともあり、怠け
てます。

●4 久保田・四ノ宮〈2019〉。

●5 この発想は、20年に渡り「ジェンダー」の授業をやり続けた正
則高校元校長日沼慎吉さんとおしゃべりさせていただいたとき
に出た話をアレンジしました。(同上)

●6 dunch常連だった稲田百音さん(当時高3)が監督・脚本、SD
制作というこの作品は、2020年度「ぴあフィルムフェスティバ
ル」で観客賞受賞。こんな感じの作品です。ある日変わった男
子が転入してくる。彼はいつも花を持ち歩き、クラスメイトを花
に喩えては、花言葉を語る。彼のことをもてあますクラスメイト
たち。でも、その存在は少しずつ彼らを、空気を変えていく——。
メインキャストのほとんどもdunchメンバー。稲田さんは、い
つもdunchでしゃべりあっていたいろいろを本当に鮮やかに
映像化してくれました。

●7 成蹊中学生対象の大規模イベントが中1担任チームのおかげ
で実現。2020年度3学期のみでしたが、中学側での活動を重
ねることもできました。中学「生徒ホール」での展示のほか、中
学昼休みの放送でもSD高校生Iさん(当時3年)、Oさん(同)、S
さん(同1年)がセクシュアル・マイノリティや「制服選択制」の話
をさせてもらいました。

●8 23年度にも同じようなミニイベントをやりましたが、dunchで
の意見を取り入れて、「学年限定」方式ではなく「はじめての」
という括りにしてみました。そうしたら、1年生4名に加えて、「は
じめての」上級生が5人も来てくれました。今はこっちの方が
SDには合うかなと思っています。

●9 この種のアイデアについてあらためて考えてみると、そこには「の
ぞき見趣味」的な何かが漂っていて、SDとしては、むしろ、マ
ジョリティにありがちな「のぞき見趣味」を先回りしたいわけで、
そうするとやっぱり違うかなと。「のぞき見趣味の先回り」とは
こんなイメージです。文学研究者レイ・チョウは、中国の張芸
謀監督作品を高く評価した欧米の映画批評に「オリエンタリ
ズム=のぞき見趣味」を見出すと同時に、張監督は、そんな西

スクール・ダイバーシティへようこそ

069

洋の「オリエンタリズム＝のぞき見趣味」を見透かしたうえで、その「のぞき見趣味」に応えることで、映画祭の栄誉を総なめにしたのだ──ということを示唆しています（レイ・チョウ『プリミティヴへの情熱』本橋哲也他訳、青土社1999参照）。

◉10 この意味でのアジールについては、たくさんの言及がありますが、そのタイトルがとてもしっくり来たということで、青木真兵さんの『手づくりのアジール』（晶文社2021）「はじめに」からこのフレーズを引用しました。

◉11 オードリー・タン『自由への手紙』（クーリエ・ジャポン編、講談社2020、Kindle版p102）。

第**3**章

スクール・ダイバーシティの ダイバーシティ・ワーク

① こんなことをやってきた、考えてきた── まずはざっくりと

　これまでの章で書いてきたのは、ぼくにはこんなふうに スクール・ダイバーシティとその活動が見えている──と いうことなのですが、とにかくスクール・ダイバーシティが やってきたこと、そして、話題にし続けていることをさらに 列挙してみます。

　男らしさ、女らしさ、フェミニズム、LGBTQ+、オタク、編 み物、ルッキズム、装い、ぼっち、コミュ障、わがまま、も やもや、スクールカースト、帰宅部、校則、制服、異性装、 ジェンダーレス装、人種、在日、ハンセン病、バリアフリ ー、グレー脳●1、学校を休む、一致団結?…そして、こう いったいろいろについて話ができそうな映画やドラマ、小 説、マンガ、ときに人物を取りあげて紹介し、上映会を開 き、トークライブやワークショップを主催し、文化祭展示 に時間を割いてきました。例えば、こんなタイトルのイベ

ントになったりします。「オタクとスクールカースト」「編み物とジェンダー」●2「ジェンダーとわたしたち──え、男同士で？」「フェミニストNOW」「変な人になろう」「子どもとジェンダー」「いいことしにくい社会でもダイバーシティ!?」「わがまま言いにくい社会でもダイバーシティ!?──校則をダイバーシティする！」「ダイバーシティポリス宣言　うわ、マジか？──そのときどうする？」「成蹊バリアフリーチェック！」などなど。さらに一方で、東京レインボープライドにはボランティアはじめいろいろな形で参加、台湾プライドにも行ったし、コミケにも行ったし、東京と台北のハンセン病施設にも行きました。校長・教頭を招き「成蹊サミット」と称して「ダイバーシティ宣言」や制服改革をめぐる意見交換を重ね●3、ワークショップ「成蹊プロトタイピング2050」●4で未来のダイバーシティな学校をイメージし、当時高3だった稲田百音監督のもと映画制作もやりました（『アスタースクールデイズ』）。さらに、もっとも日常的な活動として、毎週のTV朝礼、2023年度、24年度には、その超拡大バージョンとして「ダイバーシティ週間」、そして、こういった活動のすべてのベースが毎週のdunch──というわけです。つづいて、どんなことを意識して、活動を重ねてきたかというあたりを。

② こんなことを意識してきた

① うんざりしない、うんざりさせない──例えば「活動リスト2017」はギリギリすぎた

　活動を通年で振り返るというやり方も、わたしたちの活動についてより具体的なイメージを共有するためには効

果的だと思います。活動が軌道に乗って、参加者もどんどん増えてというタイミング、2017年度のリストを、たまたま作ってあったものに少しだけ説明を加えつつ[5]。

4月　「新歓 スクール・ダイバーシティってなんだ?」[6]

5月　「公開dunch」@昼休みの食堂

5月　「東京レインボープライド」ボランティア

6月　「編み物でもダイバーシティ2」(実践&トークライブ)

7月　トークライブ「スクール・ダイバーシティってなんだ? @成蹊大学」[7]

8月　座談会「らしさとセクシュアル・マイノリティ」withアムネスティ・ジェンダーチーム[8]

10月　蹊祭(成蹊中高文化祭)

　　　・教室展示「スクール・ダイバーシティってなんだ?」

　　　・編み物(ゲリラニッティング&編み物体験)

　　　・トークライブ「オタクとスクールカースト」「らしさとセクシュアル・マイノリティ」

10月　筑波大学附属盲学校文化祭見学[9]

12月　教職員研修会「今ここにいるセクシュアルマイノリティ」(企画はスクール・ダイバーシティ)

12月　みんなでコミケに行こう!(卒業生のベテランオタクにコミケを案内してもらうミニツアー)

2月　「ラジオ・ダイバーシティ①オタクとスクールカースト」

　　　「ラジオ・ダイバーシティ②東京オンリーピック: シングルスたちの遊戯」(詳細はのちほど)

3月　「トークライブ＆ショートフィルム　フェミニストNOW」

3月　「筑波盲学校との交流会」

3月　「成蹊中学サッカー部・ラグビー部対象　ダイバーシティ講習会」

　と、こんな感じですが、ここではワークの「内容」ではなく、その「量」にフォーカスしたいと思います。これは活動をつないでいくためには避けて通れないテーマです。「リスト」は17年度の活動を「イベント」という括りで並べたもので、これとは別に、毎週のdunch、同じくTV朝礼ミニトークもあるわけで、ひと言で言ってかなり無理を重ねた1年間でした。なんだかエンドレスで文化祭をやってるような、楽しくもありつつ、立ち止まる間もないような。そしてその後、コロナで急ブレーキが掛かって活動は2019年度末から一気に縮小するわけです。

　コロナがなかったらどんな展開だったのかなということは、ふと思いますが、ただ、ぼくは、「うんざりしない、うんざりさせない」ということは、何かにつけて、とりわけ、社会運動にとってとても大切なことだと思っていて、だから、少なくともその観点からは、「急ブレーキ」も悪くなかったのかなとも感じています。「うんざり」が共有されてしまったらとても陳腐化に対抗できないでしょう。

　いずれにしても、ダイバーシティ・ワーカーとしてのスクール・ダイバーシティ、とくにそのコアな部分は、誰に頼まれたわけでもなく、自分たちが好きでめんどくさいことをやるわけです。モチベーションも高くて、次々とおもしろいことを思いつくような生徒もいつもいるし、とにかくぼくの中

でのこの活動の優先順位がすごく高い——という、そんないろいろが重なってはじめて「無理がきく」のだと思います。でも、世のダイバーシティ・ワーカーの中には、ある日組織から任命されて「委員」になって、困惑しつつ——というパターンも少なくないと想像しますから、「うんざりしない、うんざりさせない」は本当に大切だと思います。まあ、とくに「うんざりしない」というところですよね。そうでなければ活動自体をキープするのも難しいでしょう。

　ちなみに、19年度末-20年度前半にかけての休校期間ですが、しばらくすると、高校生たちが自主的に他校にも開かれたスタイルのdunchをオンラインで再開、分散登校がスタートした6月にはリアルdunchが復活、「黙食」ルールやマスクを除けば、22年度までには、ほぼ通常通りというところまで戻ったかなという感じです。ただ、ちょっとのんびりと活動することを意識しています。

②「わがまま」の読み方

　学校では生徒の「不平不満」は「わがまま」とみなされて、たいへん嫌われます。でも、「不平不満」こそが社会を変えてきたのは明らかです。そう考えると、「不平不満を言うな」や「それはわがままだ」には、現状のままで大丈夫な大多数にとって都合のいい「呪い」という側面が見えてきます。というわけで、スクール・ダイバーシティは、かなり意識して「わがまま」を大切にしています。

　ここで支えになったのが富永京子さんの『みんなのわがまま入門』(左右社2019)。2020年度のメンバーたちで共有し、読書会を重ねたりしながら、文化祭トークライブにつなげました。その過程で行われた「連続ミニ読書会」

（2020年10月）のフライヤーに載せた「煽り」をあげておきます。

> 「校則」になんか言うのは「わがまま」ですか？
> 「困ってます」は「わがまま」ですか？
> 「意見」は「わがまま」ですか？
> それってホントに「わがまま」ですか？
>
> 「わがまま」は変える！「わがまま」はつなぐ！「わがまま」はスイッチ！
> 「わがまま」の深層へ、「わがまま」のその先へ！

　まあ、学校側からは歓迎されなかったでしょう。でもぜんぜん気にしません、ぼくはポリスでありキルジョイであるところのダイバーシティ・ワーカーだからです。じゃあ生徒たちは？　これは大切なことなのですが、わたしたちの学校では、ある生徒がそんな活動に関わっているからといって、そのことで「評価」に何かしら不利益があるというようなことは決してありません。その部分の信頼感は厚いし、そういった基盤となるフェアネスがあってはじめて、スクール・ダイバーシティのようなスタンスがありうるわけです。そんな基盤すらない学校があるとはむしろ思いたくないですけど、どうなんでしょう？

　2020年度、活動の中心にいた生徒のひとりⅠさんが、こんなことを口にしていました。「これはおかしいと思ったら、どんどん行動した方がいいよ、何かやってもちょっとイラつかれるだけだし、ぜんぜん大丈夫だから」——これを聞いたらまたイラっとする先生方もいるかと思いますが、でも、こんな感覚こそが、学校が構成しているフェアネスへの信頼にほかならないのだと思います。

その後、「もやもや／わがまま募集します！」みたいなア
ンケートをやろうとした際（2023年11月）にも、教員の間で
は、好き勝手なことを言ってきたらどうするの？　といった
ことが危惧されるわけで、まあ、それももちろん分かるの
ですが、でも、それでも取り上げてみて、ああでもない、こ
うでもないをやりながら、ダイバーシティな可能性を探っ
てみるというのが、わたしたちのスタンスなのです。

　例えば、23年度文化祭のわたしたちの展示会場。大
きめの付せんに書いてもらう形で募集した「もやもや／
わがまま」にこんなものがありました。ひと言、「彼氏がほ
しい！」。スタッフの生徒とぼくが目を通していたのですが、
このひと言については、うーん、こういうのはちょっとねえ
苦笑、ということで、来場者用ボードから外されようとし
ました。でも、そのとき気付いたのです。

「これ書いた人、女性だと思ったよね？」「あ…」。

　そうですよね、これ書いた人、異性愛者の女性とはぜ
んぜん限らないのです。セクマイの誰かのその生きにくさ
がこのひと言にこめられていたとしたら？　そもそもスクー
ル・ダイバーシティの展示会場にやってきて、「もやもや」
を書き残した人ですよ？　学校きってのダイバーシティな人
間であるはずのわたしたちは、あっさりと「あたりまえ」に
やられていました。わたしたちは、付せんを見ては、これ
は使える、これはどうだろ？　とやっていましたが、問われ
ていたのはわたしたち自身でもあったわけです。それがど
んなに「わがまま」に見えたとしても、そこにダイバーシテ
ィな可能性を読み込んでみようよ、ということだと思いま
す。

③「ひとり」を「ぼっち」にさせないために

dunchで「いじめ」をテーマにしていたときに●10、こんな声が上がりました。

> 教室には「いじめが起きる雰囲気」「いじめが起きそうな雰囲気」というのがたしかにあって、例えば、「ひとりでいること」自体は本来はぜんぜんニュートラルでなんにも意味しないはずなのに、でもそこにネガティブな意味を与えていくのが「いじめが起きる雰囲気」「いじめが起きそうな雰囲気」。「ひとりでいること」は「ぼっち」とみなされる。これはそういう雰囲気がそうさせる。●11

この、「ひとりでいること」を「ぼっち」に変えてしまう「雰囲気」、本当にそのとおりだと思います。で、いったいどうすれば？──ということになるわけですが、この問題についてもつねに意識して来たし、よく話題にものぼってきました。というか、そんな「空気」を揺さぶって、そこに亀裂を入れていくのが、スクール・ダイバーシティの仕事だとも思っています。

例えば、「ひとり」をめぐる実践のうち、もっとも具体的なもののひとつが、スクール・ダイバーシティの要望で食堂の窓際に設置された「ひとり席」だと思います（2015年度）。右頁写真の感じです。

学校には、生徒があたりまえのように「ひとり」でいられる空間はほとんど用意されていません。だから「ひとり」は、「友だちたくさん」を推奨する空気によってだけでなく、

学校の物理的環境によっても悪目立ちしてしまう、つまり、「ひとり」はよってたかって「変な人」にされてしまう、「ぼっち」にされてしまうのです。もちろん、学校にも「ひとり」用スペースが全くないというわけではありません。例えば図書室にはボックス席があったりしますが、ちょっと特別感が過ぎるでしょう。とするとあとは——ということで、「トイレの個室でランチ」みたいな状況というのは、この意味において必然なのだと思います。そうして、「ひとり」はいよいよ「変な人」であり、「ぼっち」になっていく。だから、安心してひとりになれる環境、「ひとりになりたい」も「ひとりになっちゃった」もさりげなく同時にフォローできるような環境を整える必要があって、この「ひとり席」は、そんな物理的環境、空間を用意したことになるのかなと思っています。

「ひとり」を「ぼっち」にさせない、「変な人」にさせない、というこの流れで、ちょっと気に入ってるイベントもあるので、それについてはあとであらためて。そこでは、「ぼっち」を、「変な人」をそれ自体ポジティブに捉えていくことになります。

④ ダイバーシティの臨界／異世界の珍獣／いい感じの個性

スクール・ダイバーシティのメーリングリストで、「個性」

と「多様性」について書かれた2つの記事が共有されました。

◆「もしグレタさんが教え子だったら、どう評価？」ある先生の問いかけ（朝日新聞GLOBE＋2019年12月30日）
◆「多様性」の気持ちよさに負けて 村田沙耶香さんの後悔（朝日新聞 2020年1月11日、村田沙耶香『信仰』（文藝春秋）に収録）

　今や、「個性」も「多様性」も、新しくも刺激的でもない、陳腐化はとっくに始まっている、でも、社会的権威にとっては、むしろそれでこそ使い勝手がよい、というそんなタイミング。この記事は、そんなタイミングにあって、それでも違和感なく「個性」や「多様性」を語れてしまうような誰かたちに対する鋭いジャブだし、スクール・ダイバーシティにとっても簡単な問いかけではありませんでした。
　グレタ・エルンマン・トゥーンベリ、通称グレタがクラスにいたら──？ ユネスコスクールでもあるわたしたちの学校は、グレタの「個性」を「多様性」として受け止めることができるのか？ そもそも「個性」はすべて「多様性」として「あり」なのか？ ということでTV朝礼トークを作りました。結果、このトークは生徒たちにとっても、教員たちにとってもあまりフレンドリーなものにはならなかったし、スクール・ダイバーシティにとっては自分たちにはね返ってくるブーメランだったわけですが、とにかく考えるスイッチを入れるような2分間であってくれたらいいなと思っています。トークのダイジェストです。

A …どうでしょう?「もしもグレタさんがクラスにいたら?」

B 自分と世界の未来のために必要だと思うことを独自に学び、たったひとりでストライキをはじめ、トランプにも、プーチンにもひるまない環境運動家のグレタさんは、発達障害(アスペルガー症候群)をカミングアウトしている女子生徒です。

A そんな彼女を、わたしたちは、どんなかたちで受け入れるでしょうか? 空気をぜんぜん読まない彼女、周りの反応なんて気にしないで世界の未来を語る彼女。そんな彼女を「個性」とか「多様性」ということで受け止めることができるでしょうか?

B 先生たちはもっと大変かもしれません。成蹊の先生たちは、彼女をどう評価し、どんなことを語りかけるでしょうか? 彼女の能力を認め、その主張に真剣に耳をかたむけ、そして、その存在のあり方を受け止めるのはたぶん簡単なことではないでしょう。

A 彼女はクラスで浮いてしまって、先生たちにも持て余されてしまうかもしれません。でもグレタさんが空気を読み始めて、周りに合わせて友達ができて、そうしたら先生に「グレタ、成長したね」とか言われる——ということでいいのでしょうか?

B 芥川賞作家の村田沙耶香さんが、学校での個性や多様性についてこんなことを言ってます。それは『大人たちにとって気持ちがいい、想像がつく範囲の、ちょうどいい、素敵な特徴』であって、本当に異質とみなされたものは、静かに排除される——(2020年1月16日 TV朝礼)

「大人たちにとって気持ちがいい、想像がつく範囲の、ちょうどいい、素敵な特徴」が、広くポジティブに言われている「個性」の正体であり、それを受け入れることが「多様性」を大切にすること——という指摘、たんに違っていたり、異質であったりするだけではダメで、それはあくまでも学校にとって、みんなにとって「いい感じに——」でなければならないのでは? ということで、意識して考えなければならないことがいくつか。

ひとつは、「個性」といい、「多様性」というけど、「本当に異質なもの、異常性を感じさせるものは、今まで通り静かに排除」というテーマ。わたしたちは「ダイバーシティの臨界」と呼んで、このテーマにアプローチしようとしたこともあります。16-17年度のコアなメンバーたちでした。でもわたしたちは、というか、ぼくは、ですよね、そのときも、それからもこの問題を突き詰めることはありませんでした。その果てのない深みを避けているというのが実際のところで、それがよくないことだということは分かっています。村田さんのエッセイで、あらためて突き付けられました。

村田さんは、その「個性」が「多様性」として受け入れられたと実感したときのことをこんなふうに言ってます。

　　それがどれだけうれしいことだったか、原稿用紙が何枚あっても説明することができない。今まで殺していた自分の一部分を、「狂っていて、本当に愛おしい、大好き」と言ってくれる人が、自分の人生に突如、何人も現れたことが、どれほどの救いだったか。夜寝る前に、幸福感で泣くことすらあった。平凡にならなく

てはと、自分の変わった精神世界をナイフで切り落とそうとしながら生きてきた私は、本当はその不思議で奇妙な部分を嫌いではなく大切に思っていたのだとやっと理解できたのだった。同じように、誰かの奇妙な部分を好きだと、素直に伝えられるようになった。

　村田さん、ものすごくうれしかったんですね、「平凡」の呪いから解かれる感じがすごいです。もしもスクール・ダイバーシティが誰かのこんな気持ちのきっかけになれたとしたら最高でしょう。

　でも、やがて、村田さんはハッとさせられます。村田さんのことを「狂っていて、本当に愛おしい」といってくれる人たちのある部分は、村田さんを異世界にラベリングして珍獣のようにおもしろがっているのでした。それは「奇妙な人を奇妙なまま愛し、多様性を認めること」(村田)とはぜんぜん違う。違いを、異質を、珍獣化して新たな「らしさ」に閉じ込めることと「ダイバーシティの臨界」に震えることとはぜんぜん違う。そのエッセイの最後、村田さんはこう言っています。

　　どうか、もっと私がついていけないくらい、私があまりの気持ち悪さに吐き気を催すくらい、世界の多様化が進んでいきますように。今、私はそう願っている。

　もうひとつ。そもそも「いい感じに個性的」「いい感じの多様性」って、むしろ、すごくむずかしくないですか? その要求がどんなに細かくて息苦しいものに見えたとしても、いや、それがタイトで、厳密であればあるほど、みんなで

そのとおりに演じるというのは実のところ簡単なのでは？入学式や卒業式を思い出してみればいいでしょう。ときに数百人ですよね、大勢で全く同じ所作を同じタイミングで演じるわけだから、ちょっと聞くとたいへんそうだけど、やってみると簡単にできてしまう。ビシッとできてしまうのです。そして、今、こんなふうに言われて、むしろみんな考え込んでしまっている、ということなのでは？

「はい、じゃあ、みなさーん、いい感じに違うところ見せてくださーい、どうしましたあ？ 同じじゃなくていいんですよー？」って、これは困るでしょ、いったいどうすれば？ というわけで、みんな以前にもまして夢中で空気を読み始めました——という、こんなことになってるんじゃないでしょうか、どうでしょう？ ぼくは、こんな経験を学校全体で共有してみては？ ということで、当時高3のHさんを中心に進めていたプロジェクト「制服フリーデー」、文字通り服装についてのルールを1日ないし数日間停止してみようというプロジェクトですが、その企画案の「目的」にこんな一節を入れさせてもらいました。

　　「束縛の安心か？ 自由の不安か？」—— 好きな装い
　　でいいよ、と言われたときの解放感と心細さを共に
　　感覚すること。

　残念ながら、このプロジェクトは見送りになってしまいましたが、もし、実施されていたら、もちろん、つかの間の解放をおもしろがってくれる生徒もたくさんいるとは思いますが、同時に、一方からはこんな声が聞こえてきそうです——「もう、先生決めちゃってくださいよお」。でも、で

も、でも、と言いたいのは、本当に「個性アウト！ 多様性
NO！ みんなでちゃんと決められたように！」の世界が
いいですか？ ということです。つまり、ここは踏みとどまる
ところなんだと思います。それがどんなに心細かったとして
も、大きな社会的権威による「個性ですよ、多様性ですよ」
よ」という呼び掛けが、ときに陳腐に聞こえたとしても、そ
して、その「臨界」をのぞき込んですくんだとしても、「個性
ナイス！ 多様性ＧＯ！」自体を否定するのはもったいなさ
すぎると思うのです。ちょっと引きで見ながら、社会的権
威の言うことを真に受けた振りをして、「そこまでは求めて
ないんですけど…」的な領域まで侵入してやるとか、そん
ないろいろなアイデアくらい出したっていいでしょう――と
いうことをぼくは考えているし、それがスクール・ダイバー
シティのスタンスでもあってほしいと思っています。

３ こんなこともやってきた――エンターテイメ
ントをダイバーシティする

　17年度の活動リストにはたまたまありませんが、コロナ
以前、イベントのスタイルとしては、ダイバーシティな映画
の上映会＆トークイベントというパターンが定番でした●12
（NETFLIXはじめサブスクでの視聴が広く一般化する前のことで
す）。その他、日常的にも「エンターテイメントをダイバー
シティする」ということで、いろいろなエンタメ作品を取り
上げては、スクール・ダイバーシティで共有し、TV朝礼な
どを通じて、そのダイバーシティな可能性を学内外に紹
介してきました。ここでは、こういうのがスクール・ダイバ
ーシティの切り口なんだ――という感じの事例にフォーカ

スして。

① 上映会＆トークライブ —— 映画「パレードへようこそ」

　わたしたちのイベントのうち、もっとも規模が大きかったイベントは、映画「パレードへようこそ」（マシュー・ウォーチャス監督、英2014）の上映会＆トークライブでした。といっても、80名用教室がだいたい埋まるくらいですが、土曜午後の3時間超のイベント、まあ上出来かなと。オープンリーゲイで当時豊島区議だった石川大我さんをコメンテーターに招き、事前勉強会を重ねたこのイベントは、パネラーやスタッフとして参加したスクール・ダイバーシティのメンバーにとっても、それぞれ、ちょっと「やってやった」感みたいなものがあったと想像します。このイベントで、学校の空気を変えてやろうと思っていたし、だから、高校だけでなく、成蹊学園全体（小中高大）メールでも2回に渡って宣伝させてもらいました（大学の教員ともつながりができました）。ぼくは当日の進行も担当しましたが、それも「絶対に外せない」という気持ちでやっていました。スタッフの生徒や教員にもそんな感覚は共有されていたと思います。今振り返ると、あのイベントは、あの時点でのスクール・ダイバーシティの出せるMaxだったと思います。まあ、それでも、ああすればよかった——の類は尽きないわけですが。

　さて、映画「パレードへようこそ」。いかにも相性の悪そうな2つのグループの奇跡の連帯を描いた物語です。実話ベース。舞台は80年代半ばの英国。英国病とも呼ばれる長期経済停滞からの脱却を一気に図るサッチャー政権下、合理化のターゲットとされ、ギリギリの状態で抵抗

を続ける炭鉱の労働組合と、彼らの境遇に自分たちと同じようなマイノリティ性を見出して、支援を申し出るセクシュアル・マイノリティたち。でも、炭鉱労働者たちの、いかにもマッチョな価値観は、同性愛者、とくに男性同性愛者を簡単には受け付けません。両者は、もともとは、いじめる側といじめられる側なのです。

　それにしても、あのロンドンのゲイ・バーでのスピーチ、ちょっとした手違いから同性愛者グループの支援を受けることになったウェールズの小さな組合のリーダー、ダンのスピーチは、本当に素晴らしいです。ロンドンで初めてゲイ・バーにやって来た彼は、いぶかしがる客たちの雰囲気を一変させます。

「みなさんがくれたのはお金ではない。友情です。巨大な敵と闘っている時に、どこかで見知らぬ友が応援していてくれるとわかるのは、最高の気分です」── 喝采。序盤のこのシーンを観てしまったら、もう後戻りはできません、彼らとともに「連帯」を目指すことになるでしょう。

　この作品、80年代UKミュージックシーンが鮮やかに反映されているのもポイントです。それも社会からはみ出した誰かたちを支えた楽曲にあふれているところ、ナイス。カルチャークラブ、ザ・スミス、デヴィッド・ボウイ…最高。

　ということで、ここでは、スクール・ダイバーシティのあり方が伝わるようなコメントや議論にフォーカスして、そのいくつか取り上げておきます●13。

● ネガティブな呼称を先回りする
　まずは、この作品にも描き込まれている戦術、投げつけられるネガティブな呼称を先回り的に、挑発的に、こと

さらに用いていくという戦術について。例えば、作品中の、あのチャリティ・コンサートのネーミング、「炭鉱夫とヘンタイ」というネーミングのことです。「言われそうなこと」を先回りしたうえで、気のきいた何かを見せつけてやるという戦術——あんなふうにできると最高ですよね。あの場面は80年代ですが、90年代になると、同性愛者を「変態」呼ばわりするための定番「クィアqueer」をこのやり方で自称するというムーブメントがセクシュアル・マイノリティの社会運動のなかで起こり、2018年には、のちの大人気TVシリーズ「クィア・アイ」(NETFLIX)が登場します。

　ただこんな問題は残されていて、例えば「変態研究」ならぬ「クィア・スタディーズ」だと、その語感しか分からない場合、「欧米から入ってきたなんだか新しくて気のきいた言葉？」という感じになってしまう可能性が、ここ日本にはあるということです●14。まあでもこの際、いまだに根強いこんな感性、ふと気づくと「欧米」をありがたがって、自分たちのあり方にダメ出ししているような感性、日本的オリエンタリズムの力も借りてしまうという、毒を以て毒を——みたいなのも悪くないかなと。

●「いろいろな居場所」という可能性
　気に入った場面、気になった場面をしゃべろう、という流れで「居場所」に関わる話がいくつか出てきました。主人公ジョーは家族と衝突し、家を出て自分で見つけたマイノリティ仲間たちのコミュニティに新たな「居場所」を見いだします。ここで家族との和解を描かなかったことを高く評価する意見が出ましたが、それはナイスでした。自身もセクシュアル・マイノリティだという来場者の声です。

両親とうまくいかなくても自分には生きていく場所が
ある、分かってくれない人と労力を使って、感情をす
りへらしてまでコミュニケーションしなくても生きて
いく場所があるというメッセージを感じた。

　「あたりまえではない」を貫徹することは可能なのだ——
というこの作品からのメッセージを、あらためて印象付け
たこのコメントは、アジール的時空の必要を強く感じさせ
る、そんなコメントでもあって、スクール・ダイバーシティを
そんな居場所にしたいと思っているぼくにとっては、この
意味でもたいへん重要です。だからこそですよね、ぼくは
進行役として、先ほどのコメントをもっともっと盛大にか
つ深くあの会場に刻みつけるべきでした。マイノリティ仲
間という可能性、自分で見つけるコミュニティ、自分で作
るコミュニティという可能性、そして、「見知らぬ友」だっ
ているのだということを、もっと印象付けられなかったか
なと。例えば、作中には16年ぶりに家族と和解？ という
エピソードもあって、それは感動的な場面のひとつではあ
りましたが、でも、どうでしょう、16年ですよ？ どうしてそ
んなに苦しまなければいけないのか？ といった話をたた
みかける、という感じですよね。でもまあ、何かイベントを
やればいつもこういうことはあるわけで、とすれば、このと
きの発想についてもそうですが、「これは」という「ダイバ
ーシティな思考」を「ユニット」として、スクール・ダイバー
シティに蓄積していくという感じなのかなと。いつも気の
きいた閃きがあればそれに越したことはないわけですが。
　いずれにしても、スクール・ダイバーシティの場に参加す

ることは、それ自体簡単なことではなくて、とくに高校生たちはきっと何かしらハードルを感じながら、それぞれどこかからはみ出して来たのだと思います。だから、やっとの思いではみ出して来た先にもたいしたものはなかった──みたいにはしたくないですよね、やっぱり。

●「変わりそうにない人たち」についても考えた
　この作品、そしてこのイベントについての最後になりますが、「変わりそうにない人たち」をどう考えるか。最後までかたくなに「拒否」を貫いた村の女性モーリーン。彼女については、いくつものコメントが上がっています。

　　あの彼女にも、変化の可能性があったということをこの映画は示していた。…もはや引っ込みがつかないように見えるが、…最後には息子たちがパレードに来ていた。

　　でもあの表情の固さ。あれは、それでも変わらない人がいるということを示唆しているのでは。全体にポジティブなムードの作品の流れにあって、ギリギリ、ネガティブな現実を描き込んだのではないか。

　　受け入れることは彼女のそれまでの人生のすべてを否定してしまうことを意味したのかも。夫を早く失っていて、1人で子供たちを育ててきた。きっと炭鉱の村で“男らしい男に育て上げないと…”という気持ちで頑張り続けてきたのでは。こういう人たちを置き去りにするだけでは、それもダイバーシティじゃないよ

うな気がする。

　わたしたちは、このイベントでも、そしてイベント以外の場面でも、「変わりそうにない人たちを考える」というテーマをいつも意識せざるをえません、というよりも、そこを意識しないダイバーシティ・ワークは、むしろありえないでしょう。では、モーリーンに直接？　ということをこの本ではあまり考えてなくて、やろうとしていることは、ダイやヘフィーナやクリフやシャン、つまり潜在的なダイバーシティ・ワーカーたちに働きかけること、そして、彼らに、ダイバーシティないろいろのおもしろさや可能性を共有してもらって、そして中継してもらうというイメージだと思います。クリフがモーリーンのうちを訪ねて、で、彼女の表情にほんの少し柔らかみが──という場面、あんなイメージです。結局扉は閉じられてしまうのですが。

◆

　イベントを宣伝しているときに「行ったら"ホモ"じゃないかと思われるから行ったら終わりだ」みたいに言われたという話を持ってきてくれた生徒は、こんなふうにまとめてくれました。

> こういった感覚とどう向き合うかということを考えてたけど、わたしたちは、今回みたいなイベントに参加した人がゲイじゃないかと揶揄されないようにするのを目指すのではなく、ゲイだと思われても平気な雰囲気の学校にすることを目指すのだと思いました。当たり前のことかもしれないけれども。

「おまえ、ゲイなの?」というひと言が「たんなるひと言」
であって、揶揄、からかいとしての意味を構成しないよう
な学校ということですよね、たしかにそんな学校だと思い
ます、目指してるのは。

② 音楽でもダイバーシティ!

　スクール・ダイバーシティは、いろいろな形でダイバー
シティな可能性、ダイバーシティな世界への入り口を紹
介してきたわけですが、「よりダイレクトに、感情的に、感
傷的に、ダイバーシティを感覚できるような、そんなコン
テンツとして、音楽、いきたいと思います」(「ダイバーシティ
通信」、2020年1月25日)。で、紹介のコンセプトはこんな感
じになりました。
「とにかく自分が大好きなこの曲は最高にダイバーシテ
ィだから、みんなにも聴いてもらいたい!」(同上)

● Radiohead (レディオヘッド)「Creep」

　ということで、TV朝礼の新シリーズ「音楽でもダイバー
シティ!」のスクリプトです。当時高3だったTさんからの
イチオシです。曲は、知る人ぞ知る、だと思います。イント
ロに乗せるスタイルで紹介させてもらいました。

　A　これまでいろいろな形で、ダイバーシティな映画や本
　　などを紹介してきましたが、あらたに「音楽でもダイ
　　バーシティ」ということで、音楽もみなさんとシェアし
　　ていきたいと思います。
　B　さて、今回の曲ですが、イギリスのロックバンドRad
　　ioheadの「Creep」です。この曲、まずサウンドがク

ールです‼ 気だるいヴォーカルにダークなギターの
Ａメロ。と思いきや威嚇的なギターカッティングから、
一気に盛り上がるサビ！ う──ん、最高‼‼‼‼‼

Ａ タイトルの「Creep」は日本語で言えば「キモイ奴」
です。つまり、この曲は、自分をCreepと自虐する少
年のラブソングで、ものすごい劣等感で溢れています。
歌詞の中で、思いをよせる相手については「天使の
よう」だと歌うのですが…

Ｂ でも自分は、Creep、キモイ奴。しまいにはI don't
belong here（＝ここに僕なんていちゃいけない）という自
虐っぷり。そんなこの曲をダイバーシティな観点で読
み解いてみたいと思います。

Ａ そうすると、単なるラブソングとしてだけではなく、ス
クールカースト底辺のオタク男子がイケイケな女子
に恋をしている──とか、同性を好きな自分に戸惑い
つつもやっぱりその人のことをずっと考えている──
というようなダイバーシティな恋の可能性も見えてき
ます。

Ｂ 誰でも、好きな人の前では自分のことをキモイ奴、
Creepだと思い、その場から逃げ出したくなったりも
するでしょう。だけどこの曲を聴けば誰を好きになる
のかは自由だし、とにかく、誰かを好きでいることは
とても素敵だ──という、ポジティブな考えを持てま
す。つまりどんな形の恋心にも寄り添うのがRadio
headのCreepなんです。…

疎外の果て、自虐の彼方のラブソング、ぼくも特別であ
りたかった、君は特別すぎるから、でも、ぼくはキモくて、

変なやつなんだ──どうでしょう、トーク後半、最底辺から仰ぐオタク少年のまなざし、セクマイ少年の密やかな思い、ダイバーシティな深読み、そして、その全面的肯定。

　ぼくは、この曲「Creep」と、この紹介のトークがとても気に入っています。「ダイバーシティ」の、そのキラキラしたメジャーな感じは社会的権威に横領されて、陳腐化されるけど、でも、この「Creep」の「ダイバーシティ」とそこに温かみを見いだすような感性は、わたしたちの側にある──そんな気持ちになります。

● Todrick Hall（トドリック・ホール）「Dem Beats」
「音楽でもダイバーシティ！」をもうひとつ。これも TV 朝礼トークです。ここで紹介されているのは Todrick Hall その人とその楽曲「Dem Beats」。当時高2のNさんが書いてくれました（2020年2月6日 TV 朝礼）。

　　A ド派手な色のウィッグを振り回し、高いヒールをうちならす。いつでも胸を張って、堂々と、自分らしく。

　　B おはようございます！ スクール・ダイバーシティです！今日も「音楽でもダイバーシティ！」ということで、Todrick Hall を紹介します！

　　A Todrick はクリエーターで、ドラァグクイーンで、エンターテイナーで、オープンリー・ゲイで…そんな彼の作品や彼自身は、「個性的」です。と同時に、とってもダイバーシティだと思うのです。

　　B ユニーク？変わってる？ 褒め言葉上等!! 私は私の好き!! が好き!! という彼の曲を聴くと、聞いている私たちが、自分自身のことをもっと好きになることができ

ます。そんな不思議な力、それこそがダイバーシティの正体の1つなのでは無いでしょうか。

A 教室の中でいくらゲイがネタにされていたって、ぼっちはダサいと言われたって、自分は自分だ。自分で自分を認める。ダイバーシティは他を認めることだと思われがちですが、自分を認めることも1つのダイバーシティです…。

　このトークを支える発想、「ダイバーシティ」には自身が自身のあり方を認める、それを肯定するという側面があるのだ、という発想は本当にナイスだと思っています。そして、そんなイメージを明確にしてくれたこのトークは大きいです。このスクリプトに触発されてぼくが作ったTV朝礼用ボードには、だから、こんなフレーズが刻まれていて、すごく気に入ってます。

　「多様性を認めよう──って誰の？ 自分の！」

③この映画、ダイバーシティ！

● 映画「バトル・オブ・セクシーズ」──「からかいの政治学」は終わらない

　映画については、本当にキリがありませんが、ここではひとつだけこの作品を●15。

　「イントロダクション」でも触れた江原由美子さんの論考「からかいの政治学」にはフェミニストたちを追い込んだ「からかい」の構造が鮮やかですが、それこそ、この作品「バトル・オブ・セクシーズ」(J・デイトン／W・ファリス監督、米2017)の主人公ビリー・ジーンたちが追い込まれる蟻地獄

095

であって、そして、そんな理不尽に抗うマインドを、時空を超えて蝕み続けているやり方に他ならないと考えます●16。

　　　── 分かってますって、そんなムキにならないでくださいよ（ニヤニヤ）。

　これとどうやって戦えと？ 理不尽なあたりまえや敬意を欠いた言動に対して真面目に対応することを暗黙のうちに禁じてしまうこのやり方こそが「からかい」です。怒りを表わすや、おなじみのセリフが返ってきます。「ちょっとからかっただじゃないですか（ニヤニヤ）」──こんな空気のなかに追い込まれ、そして、そこで戦い切ったフェミニストとしてビリー・ジーン・キングを描いたのが、この作品、「バトル・オブ・ザ・セクシーズ」というわけです。実話ベース。
　スタジアムの大観衆と全米テレビ視聴者が見つめたこのバトルは、女子世界チャンピオンのビリー・ジーン・キングvs男子元世界チャンピオンのボビー・リッグス。1973年の話。ビリー・ジーンをエマ・ストーン、ボビーをスティーブ・カレルがそれぞれ演じます。エマ・ストーン、「ラ・ラ・ランド」のイメージまったくないです、もうビリー・ジーンにしか見えない。この役を引き受けて、そしてそこに没入するエマ・ストーンもきっとビリー・ジーンと同じように最前線に立たされていて、そして、その役も引き受けているように思えます。
　女性解放運動が盛り上がっていたタイミング、ビリー・ジーンはこの流れをテニス界で加速させようとしていました。女子の賞金は男子の賞金の1/8ってマジか？ ──実は彼女はセクシュアル・マイノリティでもあるから、ホント

いろいろたいへんなわけですけど、まずはこのバカみたい
な格差を問題化しなければならないと考えます。一方、男
女問わず男性優位社会をあたりまえとしてやっていける
人びと、そもそも女性が声を上げること自体を苦々しく思
っている人びとは、もちろん今よりもずっと大きな顔をし
ているわけで、そんな人たちからの反発はときにあからさ
まに、そして、往々にして「からかい」という形で運動に水
を差し、その気持ちを蝕みます。「男 vs 女のテニス決戦」、
「バトル・オブ・ザ・セクシーズ」の話が持ち上がるのはそん
なタイミングでした。ボビーは自分のことを「男性至上
主義のブタ」としてアピールしてビリー・ジーンとフェミニ
ズムを挑発します。え？ 女子のチャンピオンでフェミニス
トのビリー・ジーンは、時代遅れの男性至上主義のブタ
をスルーしちゃうの？ いいの？ いいの？──これは、本当
にキツいでしょ、ビリー・ジーンは逃げられない。

　ボビーは、どうやらヘヴィなギャンブル依存症、何かし
らすごいことをやらないではいられないという症状みたい
なのですが、つまり、彼にとってこのイベントは「何かすご
いこと」であればよかったし、自身を「男性至上主義のブ
タ」としたのもイベントをすごいことにするためです。彼は
分かっててやってるピエロで、彼が「からかい」のスタート
を宣言したけど、それを支えたのは、「女性を一種の娯楽
として扱う」(江原〈1985〉)ことに違和感を持たない社会の
空気であり、「からかい」をおもしろがった無数の人々で
す。こうして世論は盛大に煽られ、ビリー・ジーンたちにと
っては巨大な「からかい」の装置にしか見えない大イベン
トが出来上がってしまうのです。

　この「からかいの大イベント」にほくそ笑む「本物」は最

前線にはいない。もちろんこの作品のなかで「本物」として描かれているテニス協会会長もその象徴に過ぎません。「本物」とは、このイベントを「からかい」として楽しもうとした感性、戦う女や怒る女を「あるべき女」として認めたくない欲望なのであって、それはあのとき無数の観客、視聴者の心の中にあったし、今もそれは変わらず存在するのだと思います。ビリー・ジーンはこんな言葉をテニス協会会長に投げています。

「台所と寝室にいる女は好き、紳士なのは認める、だけど女が権利を主張すると、わずかな権利でも、あなたは許せない」

いずれにしてもこの作品、どこからみてもフェミ映画で、かつ幾分かはセクシュアル・マイノリティ映画で、そして、フェアネスのための映画だから、少しでも「やりすぎ感」があれば、「もう女とLGBTは十分でしょ」——みたいな感性に火が付くことになるでしょう。結果、この作品が励ましたいその当の誰かたちが悲しい思いをすることにもなりかねません。でも、監督たちはこの点、まずまずうまくやったと思います。とにかくボビーの過剰さ、ピエロな感じ。あれは「男性性」を苦笑させずにおかないし、他の男性たちについて、その在り方を多様に描き分けたのもよかったと思います。

ビリー・ジーンの夫とビリー・ジーンのライバル、マーガレット・コートの夫は、それぞれ「男子マネージャー」だったし、ステレオタイプっぽくはありつつも感じがよくて冷静なゲイの男性スタイリストは物語に安心感を与え、ボビーの男性至上主義的パフォーマンスを支えつつもついに静かに距離を取り始めるその息子の存在は次世代へ

の期待でもあったと思います。そんな多様な男たちの存在は、それによって、テニス協会会長に象徴される「古典的レイシズム」なミソジニーへの同情を暗黙のうちに禁じることに成功したのではないでしょうか。

ビリー・ジーンは「一番になって、声を届ける」と言って、実際、一番になって最前線で責任を負いつづけました。だけど、それは誰もがやれることではないし、そもそも「フェミ」への「からかいの構造」を解体する責任は、まずは男たちが負うべきです。だから、この作品に描き込まれた男たちの多様性には希望を見出したいと思うのです。

からかいと好奇のまなざしの中、絶対に負けられない、というか、そんな空気の中、負けとかありえない、出来ることならやりたくない、じゃあ他に誰が？ ここが最前線？――自分がやるしかない。「おお、こわ(ニヤニヤ)」「そうムキにならないでくださいよ(ニヤニヤ)」――こういう空気と闘うすべての人に。そんな映画だと思っています。

◆

夏目漱石は、あの「吾輩」に「からかい」を語らせています。「吾輩」によると、からかう側からすれば、からかわれる側は大いに怒るけど怒ってもどうにもならないという関係が必要、そんなとき、からかう側は大いにおもしろがることができる。この論理で行くと、「からかい」は、優位にある側が劣位にある側を「軽く」貶めておもしろがる行為ということになりますが、でも、「吾輩」が実際に目にするのは、「生徒」による「教員」(「吾輩」の「主人」)に対する「からかい」なのです。だから、ぼくはこう言いたいです。優位にある側が劣位にある側をからかうというよりも、「うまくからかえた側」が、その瞬間、優位に立つのではないか。

099

そうすると、「吾輩」のこのひと言には、が然、気持ちが上がってくるわけです。「それを怒る主人は野暮の極、間抜の骨頂でしょう」。

「からかい」は今も、江原さんが指摘した破壊力を失っていません。でも、だとしたら、その破壊力を逆ベクトルで——ということを想像するとちょっと楽しいし、そんな実践をできたらといつも思っています。

④ 「多様性と平等についての宣言」を生徒手帳に——虹の国、虹の学校

日本の学校の潜在的欲望は、そこにいる生徒全員が、見た目通りの日本人、健常者、異性愛者、らしい男子／女子——つまり「全員普通」という感じなんだと思います。それがいちばん話が早いですから。だから、学校を「多様性仕様」にするためには、ダイバーシティ・ワークを通じて多様性を示し続けなければならなくて、ということで、「多様性と平等についての宣言」(通称「ダイバーシティ宣言」、以下、「宣言」)をめぐるいろいろです。

① 遥かなる虹の国、目の前の一歩——統整的理念と構成的理念

2013年冬、スクール・ダイバーシティの創設メンバー、5人の生徒たちが、人権宣言的ないろいろにあたり、その中でも、南アフリカ共和国憲法(1996)、とくにその第2章「権利の章典」、第9項「平等」を参照しました。そこにはネルソン・マンデラが目指した「虹の国」——多様性を認め合う人々と多様性によって活気づく社会が構成する国

が反映されていたからです。そしてそんな理想に加えて、学校に特有な疎外のいろいろをふまえて作成したものが、わたしたちの「宣言」です。まずは、そのオリジナルバージョン●17を。2013年度中に考案、作成されて、2014年度春の生徒総会で、宣言されました。

● 「多様性と平等についての宣言」

◆ 成蹊高等学校の生徒は以下に挙げるものを含む多様性を受け入れ、それらを理由に誰に対しても、直接的にも、間接的にも差別、疎外をしません。人種、社会的性別、生物学的性別、民族的または社会的出身、国籍、身体的特徴、性的指向、年齢、心身の障害、宗教、文化、言語、家柄、家庭環境、学内外の所属または活動、趣味趣向など。

◆ 成蹊高等学校の生徒は、学校内の平等が損なわれる場合、または、損なわれると感じられる場合、そのような言動に対してつねに繊細であることを心がけ、適切な方法でそれらの根絶に努めると同時に、高等学校に対して、適切な方法での解決求めます。

◆ 成蹊高等学校の生徒は、一人ひとりの多様性に寛容になり、互いにそれを尊重し合うような学校生活の実現を求め、多様性をないがしろにする全てを根絶するために努力を惜しみません。

マンデラは亡くなり、南アフリカ憲法が夢みた「虹の国」は今も存在しないし、近い未来に現れることもなさそうです。世界各地で人種、民族、文化間の不信を浮き彫りにするような事件が続いているし、同性愛が違法とい

101

う社会もなくなりません●18。ここ日本でも「ダイバーシ
ティ」の陳腐化、脱力は加速中。でも、だからこそですよね、
「虹の国」を想像したいし、語りたい。リアリストを自認す
る誰かが「はあ？」とか言っても平気です。こう考えるとき、
ぼくが意識しているのは統整的理念と構成的理念という
発想です。前者は、遥かすぎる目標で実現不可能にしか
見えないし、実際、実現できないだろうけど、でも、いつも
そこを意識しているということはとても大切だよね、という
タイプの目標のこと。だから、その非現実性を「お花畑」
とかいって批判しても意味はありません。それははじめか
ら分かっていることで、そんな見果てぬゴールをこそ大切
にするスタンス自体が大切だと言ってるわけです。

　一方、構成的理念とは、現実をふまえて近未来を建設
するときに刻まれる具体的な目標です●19。ちょっと思い
切って言ってみますが、とすると、「ダイバーシティ宣言」に
は統整的理念も、構成的理念も読み込めるし、スクール・
ダイバーシティの活動は、この「宣言」を経由して統整的
理念と構成的理念をつないでいけるのではないか？ また、
こう考えてみるのはどうでしょう。「虹の国」は遠くかすん
でいたとしても、「虹の学校」ならば？ それだって簡単じ
ゃないということは、わたしたちも知っていますが、でもこ
の「学校」というスケール感は、絶妙なのではとも思って
います。広すぎず、狭すぎず、縦にも横にもつながりそうな、
がんばり切れそうなスケール感──スクール・ダイバーシ
ティの活動をこんなふうにとらえるといくらか気持ちが上
がるような気がします。

②「ダイバーシティカード」はできたけど

さて、あらためて「ダイバーシティ宣言」ですが、わたしたちはこの「宣言」を生徒手帳に載せたい、いや、載せるべきだ──ということで、学校側にいろいろ働きかけてきました。その過程で、「宣言」は、ICカードサイズのかわいいカード(通称「ダイバーシティカード」、16年度卒のKさんデザイン)として毎年全校生徒に配布されることになりました。もちろんそれは悪くない、というかナイスだと思いますが、でも、そこまで認めてるのに、未だに生徒手帳に掲載とはいきません。いったいどうして? ということで、ここでは、TV朝礼トークのポイントを。スピーカーは生徒2人、スクリプトはぼくが書きました。

A さて、この「宣言」ですが、ちょうど10年前に5人の生徒たちが作りました。…ベースにしたのは、あのマンデラさんたちが作った南アフリカの憲法です。…

B たしかに、もう「カード」はあるし、その手軽さは悪くないと思いますが、でも、あれだとやっぱり「ダイバーシティがやってること」という感じで、学校が本気で差別に反対しているようには、見えない──というのがわたしたちの実感です。

A だから、ここはやはり「生徒手帳」に「宣言」を──と思うわけですが、でも成蹊高校は、「学校として宣言すること」をためらっているように見えるのです。学校はつねに「中立」ということでしょうか?

B でも「差別する／差別される」という関係があるときそこにも「中立」という立場があるのでしょうか?(2022年6月9日 TV朝礼)

スクール・ダイバーシティのダイバーシティ・ワーク

103

トーク引用後半、差別をめぐる「中立」の話は、ケンディ『アンチレイシストであるためには』に触発されて書きました[20]。「自分はレイシストではない」と言ってるすべての人間に告ぐ、あなたたちは、怪しい。なんで？「自分は人種主義者ではないし、差別をするような人間じゃない」ということが、なんでダメなの？？？──この点についてケンディはこんなふうに考えます。

　　これはレイシズムに対して"中立的"であると言っているに等しい。自分はレイシストではないが、積極的にレイシズムに反対していないと。だが、レイシズムとの闘いに中立的な立場などない。〈レイシスト〉の反対は〈レイシストではないこと〉ではなく、〈アンチレイシスト〉なのだ[21]。

　ターゲットは人種主義的なアンフェアに限りません。すべてのマイノリティに絡みつくあらゆるアンフェアについて同じことが言えると思います。そこにも中立という立場があると思い込んで、あるいは中立を気取ってアンフェアをスルーするか、それともアンフェアに立ち向かうか──ケンディが言うのはそういうことでしょう。ぼくはそう考えました。
　こんな発想も決定的です。「人種」も「マイノリティ」も「ある」のではなく、それが「ある」ことによって利益を享受する誰かたちによって都合よく「作られる」のだ──。「自分はレイシストではないし、差別なんかしない」という表明が事実であれば、それはもちろん悪いことではありませ

ん。ありませんが、でもそれだけでは「差別を生み出す構造」を解体するにはあまりにも微力です。それは、「レイシストも差別も存在するけど、自分は何もしない」と言ってるのと同じだからです。

さきほどのTV朝礼トークは、ケンディのこのような議論をふまえてのものです。わたしたちの学校はすでに「宣言」を「カード」として毎年全校生徒に配布しています。そして、このカードについて生徒部主任は各学年の新年度オリエンテーションの場でしっかり言及しています。でもケンディならば、いやいやそこまで来てるのに学校としてオーソライズしないのはなんで？ と問うてくると思うのです。もう半歩！──こうして、さきほどのスクリプトが書かれたというわけです。ただ、悪くないなと思うのは、わたしたちの学校は、こんな朝礼トークを、それでもやらせてくれるということです。例えそれが「遠巻き」の結果だとしても、悪くないと思います。ちなみに成蹊学園全体としては2023年10月に「ダイバーシティ＆インクルーシブ宣言」が出されています（成蹊学園HP）。また、暫定版という感じではありますが、2024年4月には教職員向けに「成蹊学園におけるダイバーシティ＆インクルーシブに関するガイドライン」が公開されました●22。

●1 不定期で昼休みにやっていた「卒業生ミニトークライブ」のひとつ。きわめて個人情報なテーマをしゃべってくれた卒業生のKさん、ありがたかったです。このトークがなかったらdunchには来なかっただろうな、という生徒ともつながることもできました。

●2 公開イベントだった「パレードへようこそ」の上映会に参加していただいた縁で、編み物作家横山起也さんに、指導、協力してもらっていました。たくさんあるのですが、さしあたってこちらを。

https://ameblo.jp/sksd14/entry-12165909311.html

●3 これまでに2回、2016年度と20年度に開催してます。

https://ameblo.jp/sksd14/entry-12664685845.html

https://ameblo.jp/sksd14/entry-12228094378.html

●4 卒業生で小説家の小野美由紀さん、同じく編集者の岡田弘太郎さんという2人の先駆的才能に「プロトタイピング」を学び、実践しました。ちなみに小野さんの中2・3次担任がぼくです。ということもあり、ダイバーシティの活動に協力してくれています。

https://ameblo.jp/sksd14/entry-12724975951.html

●5 久保田・四ノ宮〈2019〉にあるリストをベースにしました。

●6 「男女」の制服を入れ替えた2人の「男女」高校生メンバーが舞台で活動紹介。「制服」についてはあえて説明なし。「ざわつき」を引き出して──というスタイルを重ねてきました。

●7 SDをおもしろがってくれた成蹊大文学部教授竹内敬子さんがそのジェンダー論の授業内で設定してくれました。

●8 SDの教員Tさんが TRP ボランティアで知り合ったアムネスティの方と話を進めてくれました。文化祭のトークライブへと発展。

●9 当時、成蹊社会科に非常勤で来ていただいていたYさんが筑波大附属盲学校でも勤務されていて、で、つないでくれました。

●10 TV朝礼トークでこう問いかけたことがあります。「どうすれば教室でのいじめを "増やす" ことができると思いますか？」これは荻上チキさんが、そのワークショップでやってる実践で、そうするとたくさんのアイデアが出るそうです。つまり、いじめは「増やす」ことができる。でも、「増やせる」っていうことは「減らせる」よね？──というわけです。(荻上チキ『いじめを生む教室』PHP新書2018)。わたしたちは2020年5月、このアイデアに便乗してみました。これには生徒も教員もハッとしたのでは。ブログにまとめがあります。https://ameblo.jp/sksd14/entry-12464921082.html

●11 ブログからの引用です。

https://ameblo.jp/sksd14/entry-12481361233.html

●12 例えば、初の公開イベントは映画『ミルク』(ガス・ヴァンサント監督、米2008)の上映会でした。2014年初夏、放課後に2回開催(参加はそれぞれ十数名という感じだったかと)。選挙で公職(サンフランシスコ市政執行委員)を勝ち取った初のオープンリーゲイ

で、当選後間もなく市庁舎内で暗殺されたハーヴェイ・ミルク（Harvey Bernard Milk 1930-78）の物語。イベント告知は朝礼とポスター、直前の全校放送。成蹊高校の歴史の中で初めて「同性愛」「ゲイ」というワードが、教科書や授業というエクスキューズなしに、公式に投じられた——ということでいいと思います。少なくともあのタイミングでは、例のチャント〈——Get used to it!〉のようでもあり、〈キャンプ〉でもあったと思います。当日にもまして、広報期間は重要でした。

◉13 トークライブ全体の書き起こし的なメモはＳＤのブログにあります。

https://ameblo.jp/sksd14/entry-12109272177.html

https://ameblo.jp/sksd14/entry-12111301785.htm

◉14 この問題、森山至貴・能町みね子『慣れろ、おちょくれ、踏み外せ』（朝日出版2023）の中でも指摘されています。

◉15 この作品についてはダイバーシティ・ゼミで取り上げたし、ちょっとがんばって書いたコラムをクラス朝礼や授業のすき間時間に配布したり、「ダイバーシティ通信」に載せたりもしてきました。なお、ＳＤが最近注目した作品がここに列挙されてます。
https://ameblo.jp/sksd14/entry-12797044085.html

◉16 「からかい」の主体はもともと男、「からかい」は男性名詞です。「からかい」「揶揄」の文脈で出てくる「嬲る」という言葉、漢字は象徴的。『漢語林』には「おもしろがっていじめたり、からかったりすること。男が女につきまとったり、なぶること」とあります。平安時代くらいから使われてたみたいです。ちなみに「嫐」という字もあって、たわむれるさまだったり、歌舞伎の「うわなり」、つまり、女2人が男に嫉妬するタイプの三角関係を意味したりというもの。

◉17 現行バージョンでは、第一項の「人種」に続く流れをスムーズにと考えて、トピックを並び替え、またそこに「性自認」を加え、さらに「障害」を「障がい」と改めて、次のようにしました。「……人種、国籍、宗教、文化、言語、民族的または社会的出身と境遇、社会的性別、生物学的性別、性的指向、性自認、身体的特徴、心身の障がい、年齢、家柄、家庭環境、学内外の所属または活動、趣味趣向など」

当初「性自認」がなかったのは勉強不足、その後、数年間放置してしまったのはぼくの気の緩みです。なかなか生徒手帳に載りそうにないという現実に甘えてしまったというか。「障害」を

「障がい」としたのは、公的機関の動きなどを参照したものですが、「障害の社会モデル」論をふまえるならば、「障害」に戻した方がいいかもしれません（飯野〈2022〉）。これについては朝礼トークで「社会モデル」を共有するところから進めています。それから、第二項では「適切な方法でそれらの根絶に努める」を「適切な方法でそれらの対処に努める」と改めました。これは、「恐ろしい言葉」を使わないで「恐ろしい問題」にアプローチしたいという気持ちの表れです。

●18 サッカーW杯カタール大会（2022）の開催がこの点からも議論になったことを耳にした人も少なくないでしょう。ただ一方で、翌年のサッカー女子W杯オーストラリア・ニュージーランド大会ではセクシュアル・マイノリティをカミングアウトした選手の数が過去最多の96名、前大会の倍以上とのこと。一方で男子W杯2018でカミングアウトしている選手はひとりもいませんでした。https://www.huffingtonpost.jp/entry/openly-lgbtq-athletes-2023-womens-world-cup_jp_64b20619e4b038c60cc4a267

●19 こんなふうに未来を構想するのはカントのやり方。今回直接参照したのは柄谷行人さんのインタビューです。柄谷行人『柄谷行人 インタヴューズ2022−2013』（講談社文芸文庫2014）、pp137-167。

●20 学校は宣言を生徒手帳に載せない理由を生徒に説明すべきだし、宣言を載せることで、学内外にアンチレイシズムの態度を示すべきだ──とする生徒のレポート、藤井愛弓「私をとりまくレイシズムとアンチレイシズム」（『社会科レポート選集』成蹊高校社会科編2022）にも背中を押されました。「イントロダクション」の●10も参照のこと。

●21 ケンディ〈2020〉、pp14-15。

●22 この仕事を任されたダイバーシティ・ワーカーたちと内容について意見交換したいという申し入れをしたところ、学園側のプロジェクト代表者2人と中高校長も交えた「座談会」を開くことができました（2024年7月）。こちら側は高校生7名と教員2名（社会科非常勤のTさんとぼく）です。1時間を超えるやり取りの中にはたいへん興味深い議論もあったので、何らかの形でお伝えできればと思っています。

第4章

高校でダイバーシティ・グループを作る

① 「マジョリティ仕様」の組織で「ぼく」が働く

　いつもそうなのですが、2013年度も、内容的な自由度の高い高3選択世界史内部推薦系クラスの授業構成は、ぼくの関心を反映したもので、だから、このクラスの生徒たちなら、という思いもあって声を掛けました。それがスクール・ダイバーシティの始まりです。なので、本章では、ぼくの関心とか、どんな教員としてやってきたのかという辺りを少し振り返っておきたいと思います。

①「ぼく」が学校で働くということ

　ぼくはシスジェンダーの男性教員として——というか、シスジェンダーに見える教員がそれ以外の者として教壇に立つという可能性はほとんど顧みられていないというのがわたしたちの学校に限らず日本の学校の現状だと思いますが——主に世界史、歴史総合を担当しています。もとも

との専門は近代中国とそれをめぐる植民地主義的言説の研究でした●1。成蹊中高社会科は専門性をとても大切にしていて、というかそれなしでは応募もできないような、そんなやり方をしていて、ぼくは「近現代アジア史を研究している人」という募集に応じて、そして、この気難しい仲間のひとりに加えてもらいました。好きなように勉強させてもらったこと、ありがたく思っています。そういうわけで、この学校で働き始めてからしばらくの間、だいたい5、6年間はぼくがいちばんまじめに研究、勉強したタイミングでした。それはポストコロニアリズム研究が盛んだったころと重なっていて、さらに90年代半ばの留学以来頻繁に通っていた台湾の音を立てて進むような民主化とダイバーシティな空気感、そんな中で勉強を進めていた友人の存在もあって、吸い込まれるように「人種」「ジェンダー」「クィア」「ホモソーシャル」といったワードにも近づいていきました●2。

　ということなので、「自身のジェンダーと学校での仕事」というテーマをスルーはできませんよね、さきほどぼくが「シスジェンダー男性」を強調したのもそのためです。他の多くの組織も同じなのでしょうが、学校という空間は、まさに「マジョリティ仕様」の典型で、シスジェンダー男性教員と見なされ、かつ、そのように振る舞うことができる教員たちが仕事をするのにはたいへん都合よく構成されているように思います。だから、ぼくも仕事はやりやすいです。やりやすいですが、ジェンダーに関する勉強を少しでもしていれば、その仕事のやりやすさが自分の学力や技術ばかりによっているのではないことにもすぐに思い至るというわけです。

ぼくは、ヴァージニア・ウルフ『自分ひとりの部屋』(平凡社ライブラリー)を読んで、ウルフの圧倒的知性と、どんな人をも苦笑させずにはおかないような鋭くて皮肉なユーモアに惹かれました。でも、同時に思うのは、その知性は、なぜ「圧倒的」でなければならないのか、そのユーモアは、どうして「どんな人をも苦笑させるほど鋭い皮肉」でなければならないのかということであり、それこそが男性優位社会が築き続ける鉄壁の存在を示しているということ、そして、ぼくは、ウルフみたいに知的でも、鋭くもなくても、でも、それでもなんとなくやれてしまうような側にいるということです。

　こんなちょっとしたエピソードを見てもらえば、ここで言いたいことが伝わるのでは。

　　年度初めの全体保護者会に出席したある学年の保護者数名が会のあと担任のＡ先生のところに質問に行くけど、あまり要領を得ない。実のところＡ先生は全体会をスルーしていたからよく分からなかったのだが、まあ、なごやかな雰囲気。Ａ先生は、分からないことを取り繕ったり、間違いをごまかそうとしたりということをしない。誰に聞けば正確で新しい情報にアクセスできるかをひょうひょうと伝えて、いつでも感じよく謝ることができる。Ａ先生は、あまり熱心には見えない、とぼけたふうな、気取らない、話の分かりそうな教員で、生徒からも保護者たちからも信頼されていたし、有り体に言って人気があった。

　　Ｂ先生もまた、Ａ先生とは違う形で、信頼というか、おもしろがられていた。「──すみません、いろいろ取り

繕ろったり、ごまかそうとしたけど、ダメですね、教務主任に聞いてきます」という感じで笑い流せるような、そんな離れ業を操ることができた。生徒とも保護者ともやはりうまくやっていて、「生徒も保護者も不思議と自立していくっていう、こういうのが名担任なんだよ」と自分でも言うし、実際そのとおりであるような教員。そして、「"いかにもな先生"らしくない」こんな2人はやはり「男性教員」なのだ。

　わたしたちの学園の教員の制度をチェックしても、そこに性差別的な点はないと思います。でも、その先なんだと思うのです。服装とか語り口とか、つまり、学校でどのように振る舞えるかというレベルでのいろいろについてどうだろう、ということです。性別によって「らしさ」の圧がぜんぜん違う。ここについては反証があればあるほどいいと思っています。

　このくだり、ちょっと長くなってしまいますが、もうひとつ話を入れておきたいです。あ、こういうことか、というふうになると思うので。

②映画「トレイン・スポッティング」──20年後のダメ男たちとちゃんとした女たち

　映画「トレイン・スポッティング」(ダニー・ボイル監督、英1996)は、1990年代半ば、不況にあえぐスコットランド、エディンバラのもうこれ以上ないくらいダメダメな若者たちのドラッグな日々、まったくダメダメとしか言いようのない日々をなんだかスタイリッシュに見せ切った作品で、音楽はハマるし映像もキレキレで、きっと至るところでぼくみた

いなやつ、つまり、そんな世界にうっかりカッコよさを見出してしまうような誰かたちや、「ダメ人間と社会」みたいなことを少しでも考えてる人たちを突き放しながらも強烈に惹き付けた作品だと思います。で、その後、大御所になったダニー・ボイル監督は、なんと同じメンバーをかき集めて、「あいつら」の20年後を描くのですが（「T2 トレインスポッティング」2017）、「あいつら」は20年後も変わらぬダメっぷりで観る人を苦笑させたり、喜ばせたりして、そしてやっぱりなんだか魅力的で、作品は結局スタイリッシュだったわけですが、ところが、ダメダメなまま変わらないのは男性ばかりで、ダメ人間たちと同じあの頃を過ごした女性たちはみんな立派になっているのです。堅実な母親だったり、弁護士だったり。そして、マークたちをだました続編のヒロインもまた、それは、祖国に残した子どもを愛するがゆえだった——って、これはいったい？

　ということで、ここなんだと思うのです、ポイントは。期待のされ方、求められるものが違いすぎる。変わらずダメダメな男たちは、観る者にとってむしろそれゆえ魅力的だったし、ほんとダメだなぁっていう仕方で愛されていて、これからも愛されつづけるでしょう。でも一方で、女たちはみんなちゃんとしてる。弁護士になった彼女はあまりにもまぶしいし、ダメ人間を支え続けたにしろ、切り捨てたにしろ、人生を決断する母親たちはあまりにも強い。なんで？ それはきっと、女はダメダメなままでは「あり」にはならないから——なのではないか。女には最後はちゃんとしてしほいよね、というのは少なくともダニー・ボイル監督の願望であり、それはこの作品を観る「おじさん」たちの願望を先回りした演出でもあったと思うのです。

はみ出すことが許されて、はみ出したまんまでも許される、というかむしろその方が愛されることさえある性と、それが許されない性●3。やりやすさはぜんぜん違うでしょう。「"らしくない"スタイル」で信頼や人気を得るやり方は、すべての性に許されているやり方ではない。だからぼくはこんなふうに言っておきたいと思います。もちろん自分に対してもですけど。

　おれもこれでなかなか、みたいに思ってるすべてのおじさんとおじいさんとおにいさんたちに告ぐ。あんたたちなんて、たいしたことないよ。

　――と、こんなふうに、特権を持つ側にいる誰かが、何かの拍子で自身の特権に気づくということがあるわけですが、この点について、小学校でジェンダー教育の試みを続けている星野俊樹さん（桐朋小学校教諭）が、こんなことを言っています。この話に乗りたい、というか、現状、乗るしかないのかなと思います。

　　たとえばお母さんたちが頑張って学校に要望しても聞き入れられないことが、お父さんが言うと違ったりするんですよね。差別などの問題では、特権をもたない側よりも特権をもつ側が声をあげたほうが何倍も効力をもつ。たとえばセクハラが起きたとき、被害者の女性がいくら抗議しても"そのくらいのことで"と笑われたりして、まともに相手にされない。でも、周囲にいた男性が"いや、その発言はまずいんじゃないですか"と言うと、組織はそれを真剣に受け取ることがあるんですね。これはいまの社会が男性優位社会であることの反映でもありますが、…男性が、みずから

の特権性や発言力を自覚した上で、それをよい方向
に行使するということが大事なんです●4。

「マジョリティ仕様」の社会、組織の中でいつのまにか手
にしている優位性を自覚して、で、その優位性を、「マジョ
リティ仕様」から「多様性仕様」への再編のために使い
切ってしまうようなイメージは、「あり」かなと思うし、そん
な感じの気前のよさはマストかなと思っています。

② ちょっと長めの前夜

① ヘイトフルなあの頃

　スクール・ダイバーシティ前夜をちょっと長めにとってみ
ます。「どうしてこの活動を？　なんであのタイミングで？」
ということは、現状、そして近未来にとっても小さくないと
思うからです。

　ゼロ年代後半から10年代初めくらいが「ちょっと長め
の前夜」かなと思っています。なんというかこの時期、タガ
が外れたようにあからさまな差別表現が炸裂したように
感じています。排他的で非寛容で残酷な言葉と振る舞い、
歴史修正主義的なエスノセントリズム（自民族／自文化中
心主義）は、「ヘイトスピーチ」として叫ばれ、そして、ほとん
ど野放しにされているように見えました。こういった傾向
はネットの世界で顕著でしたが、そこで「保守」や「ふつ
うの日本人」を自称する人たちは、戦後日本の歴史学が
重ねてきた主流の議論を「自虐史観」として退けると、彼
らが「伝統的」とする「男らしさ」「女らしさ」「家族」のあ
り方を掲げて、フェミニズム、ジェンダー理論を激しく攻

撃するのです。いったいどうして？ どうすれば？

　こんな事件も、ぼくにとっては痛烈でした。アメリカでいうとコロンバイン高校銃乱射事件（1999年）、日本では秋葉原通り魔事件（2008年）。それは、たんに学校や社会からの疎外というだけでなく、「男らしさ」をこじらせた果ての惨劇、ミソジニー、インセル（「結果的禁欲者」つまり「非モテ」を意味するこの言葉を当時は知りませんでしたが、感覚的には分かっていたと思います）といったジェンダーのテーマと不可分の出来事としても刺さりました。

　もちろん、「スクールカースト」の問題とも密接でしょう。この言葉が出回り始めたタイミングも、まさにスクール・ダイバーシティ前夜だったと思います。学校的疎外を見える化したこのワードは良くも悪くも学校生活のニュアンスを言い当てたと感じています。このテーマを描いて鮮烈だった映画「桐島、部活やめるってよ」（吉田大八監督、日2012）は決定的でした●5。このころはまだオタクが犯罪者予備軍みたいにまなざされていたように思います。「桐島…」にはこのあたりのニュアンスも描き込まれていましたが、ただ、わたしたちのメンバーで、かなりディープなオタク生徒の見立てでは、映画オタクの三軍を演じるのが「神木隆之介」というのは、日常的に身をひそめていたオタク高校生のリアルからするといまひとつ入りきれない要素だったみたいで、このあたりの感覚は、やはりオタクに対する風当たりが今とはずいぶん違うことを示しているでしょう。

　スクール・ダイバーシティのいよいよ前夜、ということで言うと、それまでもいやな感じはずっとありましたが、2012年、有名な芸人の母親が生活保護で暮らしていたこと

が発覚するとにわかに盛り上がりを見せた「生活保護叩き」も印象的だったし、これはぼくの感触ですが、いわゆる「排除アート」がやけに目につくようになったのもこのころだったような[6]。そして、「LGBT」という表現が新しくて良さげな何かのロゴのように使われ始めたのがまさにこのタイミングだったと感じています。

②「LGBT」の登場、現代的レイシズムの予感

　成蹊中高でも、スクール・ダイバーシティが発足する直前、2013年度にはじめてセクシュアル・マイノリティについての教職員研修会を開いています。「虹色ダイバーシティ」の村木真紀さんにお願いして、基本的知識と最新情報をしゃべってもらいました[7]。フレッシュでまじめな時間を共有できたかなとは思いますが、わたしたち教職員は、ちょっと過剰にフレッシュでまじめだったなと。でも、そういった空気感は、「セクマイ研修」にはありがちなのかなとも感じています。この数年後に、スクール・ダイバーシティの卒業生が企画した「セクマイ教職員研修」でもこんなことがありました。ゲイ男性の講師の方が、自身をネタにジョークを投げて、タイミングもよかったし、たたずまいも絶妙で、ひとことで言って、かなりおもしろかったのですが、でも、笑って盛り上がっちゃっていいのかなっていうことで、躊躇してしまうという、そんな微妙な空気が構成されたのです。ただこれ、参加者が、問題とまじめに向き合おうとしているからこその空気感とも取れるので、だから、むしろ悪くない空気感だとも思っています。こういうちょっとした息苦しさや居心地の悪さをみんなでシェアするような経験を重ねることが、ある種のブレークスルーに

もつながるような気がしますし。そもそも、そこで、みんなで安心して笑い合えるような空間にはもう研修はいらないということかもしれません。

　ともあれ、「LGBT」という文字列を通じて、セクシュアル・マイノリティの存在とそこに絡みつく諸問題は広く知られていったと思います。でも、ヘイトフルな2010年代前半の空気感のなかで感じたのはポジティブな可能性だけではありません。そのときはうまく整理できなかったのですが、あのとき予感したのは「現代的レイシズム」だったと今は分かります。ちょっとその特徴を際立たせる形で説明しておきます。ダイバーシティ・ワーカーにとってはおなじみのものかと思いますが。例えば、「あるマイノリティ」について、能力的、道徳的にダメだ、劣っている、本質的におかしい、とみなして差別するのが「古典的レイシズム」。これについては「さすがにアウトでしょ」という一般的な合意が少なくとも建前としては形成されたことになっているでしょう●8。一方、「現代的レイシズム」はこんな主張の仕方をします。「差別はもちろん許されない、あたりまえだ。そして今、差別的状況は改善されている。なのに、あいつらはいまだに"差別反対"を掲げてさらなる権利を要求している。それはアンフェアだ、いまだに差別反対を掲げるマイノリティとその取り巻きを許すな！」●9。

　いったいどうして？　ぼく自身の仕事でもある歴史教育もこのヘイトフルな傾向の一因なのではと考えています。歴史教育が、平和や民主主義や人権や憲法をないがしろにしてきたからではなくて、それらを大切にしてきた、その過程で構成されたポリティカル・コレクトネスこそが、うんざりされてしまった、陳腐化してしまったのでは──と

いう想像は的はずれではないでしょう●10。だからこそ、同じ轍を踏みたくない、という気持ちもあります。

いずれにしても、ゼロ年代初めから10年代初め、スクール・ダイバーシティ前夜、「ダイバーシティ」という言葉が少しも一般化していないタイミングで、すでにリベラルな価値観を語ること自体が陳腐化しはじめていたし、マイノリティ・フォビア、ウィークネス・フォビアが大手を振って陽のあたる場所にあった、というわけです。

③ ヘイトフルな時代のいろいろを考える勉強会

——と、こんなことをいろいろ考えようよ、という感じで、卒業生や知り合いの大学院生、成蹊中高の教員で小さな勉強会を作って、月1くらいのけっこうな頻度で集まるようになったのですが、名前もなかったこの勉強会が、ぼくにとっては、スクール・ダイバーシティのヒントでした●11。

この勉強会についてもう少し。そこではスクール・ダイバーシティが扱うことになる、さまざまな現代的疎外、ジェンダーやスクールカーストにかかわる、繊細でめんどくさい疎外の問題がテーマの中心を構成していたからです。

例えばということで、先ほども少し触れた秋葉原事件の加藤智大元死刑囚。彼と彼が引き起こした惨事の間にはそんなテーマがなにかしら関わっているだろうということで、中島岳志さんの『秋葉原事件』(朝日新聞2011、文庫は2013)や細谷実さんの「アキハバラ事件と男の暴力」(林博史他編著『暴力とジェンダー』白澤社2009)などを参照しながら、議論を重ねました。時期的には2013年初めのころだから、まさにスクール・ダイバーシティ前夜。

注視したのは、例えばこんなエピソード。加藤元死刑

囚がすでに追い込まれていて、かなり苦しい時期のこと。
彼は、掲示板上の女性に「ひょっとしたら」的な望みをか
けますが、そんなふうに思い始めたまさにそのタイミングで、
その女性から彼氏がいることを告げられて、痛恨！——と
いうものです。でも彼を追い込んだのは、その事実だけで
はなくて、おそらく、彼女の彼氏が「大卒サラリーマン」で
あること、そしてその元彼が「ヤンキー」「職人」であり、さ
らに「服」が話題になったことなども彼にとってはイタかっ
たのでは？ 加藤元死刑囚にとって、それらは彼を疎外し
てきたモテの記号であって、自分の居場所であるはずの
掲示板上にそんなワードが登場すること自体がイタいと
いう、そんなヒリヒリするような自意識、現代的疎外をふ
まえようよ、といった話を、わたしたちはしていました●12。

　ただ、現代的な疎外の可能性を丁寧に読むということ
で、コロンバインも秋葉原もそうですが、疎外された男た
ちの自己憐憫的な物語に酔うようなのはダメでしょという
ことになり、細谷さんも取り上げていた北原みのりさんの
エッセイを共有、とくにこの一節は、ホント目の覚めるよ
うなという言い方がぴったりです●13。

　　「女」が味わってきた「悔しさ」を、若い男たちが味わ
　　っている。学歴があろうとなかろうと、女が企業に大
　　切にされ続けるのは男に比べてずっと難しい。賃金
　　差別を平気で行う会社はいまだにあるし、成人女性
　　の六割は仕事をしているが、その半分以上は派遣
　　労働者だ。働いたってキャリアにならず、使い捨てら
　　れることに女は慣らされている。慣らされるどころか、
　　女は気楽でいいな、と「うらやましがられる」おまけ

もつく。そうそう、時には「産む機械」とか「子どもを産まない女に年金は必要ない」とか政治家に言われ、国家的に「バカ」にされるのが女、である。この世の中を持つ者と持たざる者にわけるとすれば、持たざる者の多くは圧倒的に女が占めているのだ。そこに「若い男」が加わった。いかに女が今まで、大人しく、悔しさを噛みしめ、「バカにされているのに」暴力を振るわず、従順に生きてきたことか。男であれば「ツナギがない！」とキれ、「バカにするな」と人を殺した人物が登場し、「社会問題」になるような深刻な格差を、女はずっと生きてきている。秋葉原の加害者の男は、「女に生まれればよかった」とケータイに記していた。…男としてのプレッシャーは、今でも相当なものがあるのだろうと想像する。男への期待は、女への期待の薄さと表裏一体であることは言うまでもなく、彼は自分が「女側」にいる、ということに自覚的だったのだろう。

　いずれにしても、スクール・ダイバーシティ前夜、ぼくは、この勉強会でこんなことをしゃべり合いながら、結果的にスクール・ダイバーシティの準備を進めていたということになると思います。

③ 立ち上げ —— やっぱり「ダイバーシティ・ポリス宣言」

①「ぼく」は「個性尊重という呪い」に便乗する

　2013年11月、ぼくは、「生徒手帳に"いかなる差別に

も反対する宣言"を盛り込もう」というプロジェクトを生徒指導部に持ち込みました。部会は、学校にとっていかにもめんどくさそうなこのプロジェクトを持て余した感じでしたが、「ある程度時間をかけてそういう機運を作っていくということでどう？　久保田さんが取りまとめ役ということで」という生徒部主任の取りなしによって、スタートということになりました。主任とは事前に話をしていました。まあ、乗り気というふうではなく、「うーん、ホントにやるの？」くらいの感じだったかと。主任とぼくとの間で、それなりに込み入った話ができるようなつながりあったということは小さくなかったと思います。同年代であり、シスジェンダー男性として中高連続6年間、同じ担任チームのメンバーだったこともありました。いずれにしても、「ダイバーシティ」は、学校にとって、開けろと言われれば開けざるを得ないというたいへんやっかいなタイプのパンドラの箱でした。このあたりのことについて、当時の教頭はこんな観点を示しています。「成蹊学園建学の精神」には「個性の尊重」が盛り込まれていて、なんというか、それは、教員たちの意識に「呪い」のように沁みこんでいる、だから、「ダイバーシティ」がめんどくさかったとしても、それにダメ出しするような空気感ではなかったのでは、というものです●14。実のところ、成蹊高校でダイバーシティ・グループを立ち上げること自体は、それほど難しくなかったのかもしれません。なにしろ、職員室が「個性尊重の呪い」にかかっているわけですから。一方でこのスクール・ダイバーシティの公認・継続について思うのは、ぼくが一定の経験を持つシスジェンダー男性教員で、そして、やはり経験を積んだシスジェンダー男性役職教員たちと気軽に話をで

きる状況にあったという、いかにも「男性社会」な背景があってのことなのではということです。

　ぼくは「個性尊重という呪い」に便乗し、「ぼくたち」のひとりであることを踏み台に、このプロジェクトを企画、運営し続けている──そんなふうに感じています。だから、あまりかっこよくはありませんが、でも、こんな観点は、何かの役に立つのではと思っています。

②生徒たちに声をかける──スクール・ダイバーシティ直前

　とにかく、プロジェクトはスタートします。2013年2学期最終盤、ぼくは、「生徒手帳に〈反差別宣言〉を」というタイトルのペーパーを高3選択世界史成蹊大学内部推薦系クラス（30名弱×2）に配布、仲間を募りました。これをよく読んで考えて、やってみようと思ったら久保田まで、という感じです。

　　排他的で非寛容な身振りが人々の心をとらえるような空気、そういった身振りを競わなければならないような空気──わたしたちの社会はそんな空気に支配されつつあるように思えてなりません。
　　高校生徒部では、成蹊高校の生徒たちにはこういった流れに抗うことのできる人間であってほしいし、そんな人間として成長してほしいと願っています。それは、多様性を見出す繊細さと多様性を受け入れる寛容さとを備えた人間に他なりません。そのためには日々のやりとりのなかでフェアネスを積み重ねることが大切だとは思いますが、同時に何か具体的なよりどころのようなものがあれば、それにこしたことは

ないだろうと考えました。そして、そのような観点から成蹊のスタンスにかかわる文言に目を通すと、そこには人権や差別についての明確な言葉がないことに気付いたのです。こうして「生徒手帳に宣言を」という発想にいたったというわけですが、いずれにしても、「どうして今?」ではなく「どうして今まで?」というべきテーマであると考えていますし、早急かつ着実に進めるべき計画だと考えています。

　で、しばらくして生徒が集まりはじめて、結局、5人の生徒が創設メンバーとなりました。彼らのうち4人は高2のときからぼくの世界史を受講していたし、残りの1人も高3の半年はぼくの授業を受けていました。とくに高3の授業では、人種、ジェンダーの観点から近現代史を考えるという知的作業も重ねていたので、呼びかけは届きやすかったと思います。この創設メンバーについてはもうひとこと。ミーティングを進めながらだんだん見えてきたのですが、彼らは、さまざまな社会的、学校的疎外に頭を抱えていたり、社会的理不尽を我慢ならないと感じているような、そんな生徒たちでした。めんどくさくて、おもしろくて、そして、それぞれ特別な賢さを備えていました。仲間になってくれて、本当にありがたいと思っています。

③初期の活動を振り返ってみる──想像のマジョリティ

　さて、活動開始当初ですが、わたしたちは、みんなでダイバーシティな本を読んだり、そんな映画を観たり、それぞれの経験をしゃべり合ったり、といった勉強会を重ねて●15、「ダイバーシティ宣言」を作り、「手紙」として2000

文字を超える「成蹊高等学校の生徒のみなさんへ」を書きあげて活動のスタートとコンセプトを伝え、学校には有志団体としての公認を求めました。こんな感じで、この部分なんかは悪くない出来だと思います。

　　生徒であれば誰でも、学校がさほど平穏な場所ではないことを経験しているでしょう。疎外されたり、してしまったりということは日常だし、時には差別につながるような言動すら珍しくないのではないでしょうか。わたしたちは、そんな状況を当たり前に感じてしまう雰囲気を少しでも変えたいという思いで集まり、生徒会活動の一環として、この思いを近い将来「宣言」というかたちにしたいと考えています。
　　「ダイバーシティ」とは「多様性」という意味です。多様性を認め合うこと、多様性に気づく繊細さを大切にすること、多様性を認めたうえでその平等を目指すこと。そして、多様性を認めなかったり、多様性を差別や疎外のきっかけにしてしまうような言動のすべてに反対すること。「スクール・ダイバーシティ」という名称は、わたしたちが目指している先にあげた目標にぴったりの名称だと思います。

　一方で、ぼくが提案した以下の部分、「マジョリティに認められなければ」という意識が先走ったその論法、今あらためて振り返ると、別の書きようがあったと思わずにいられません。

　　わたしたちのこの活動の目的は、罰則を作るといっ

高校でダイバーシティ・グループを作る

125

たことではありません。わたしたちはむしろ、多様性に気づかないで差別的であったり疎外を生んでしまうような言動をしてしまっている人たち──それは時にわたしたち自身かもしれません──を救うことを第一の目標としています。やられている側は気づくこともありますが、やってしまっている側は気づいていないことが多いのです。ですから、わたしたちも含めすべての成蹊高校の生徒に、この「宣言」を通して気がつくチャンスを設け、お互いがお互いの多様性に対して繊細になっていくような環境を作り上げようと思うのです。

　マジョリティの存在を過剰に意識した結果、現在進行形で疎外されている側が後回しになってしまったこの部分、やらかしてる側を救うことを「第一の目標としています」は、ないわあ…と思うし、「気づき」や「繊細さ」についても、どこか個人の問題のように読めてしまうところも、ちょっと…と言わざるを得ません。すでに述べているように、学校はまさに「マジョリティ仕様」で設計された時空であって、潜在的に、本質的に、「マジョリティ仕様」でやり切ってしまいたい欲望から自由になることはできないわけで、だから、多様性を感知する繊細さも、普通とは見なされないいろいろを受け入れる寛容さも、実のところ切実には求められていない、そしてもちろん、存在しないはずのいろいろが差別されたり、疎外されたりしていることを問題化することが求められているはずもない──というこの辺りについて言葉を尽くすことが大切だったと思うのです。そうして、そんなふうに社会によって構造的に封印さ

れている気づきや繊細さや寛容さを取り返すとか、解放するとか、そういう意味でのポジティブな声掛けだってできたはずなのです。ぼくが思い付かなければならなかったのは、マジョリティの意を汲むための論法ではなくて、あまり乗り気ではないかも知れないマジョリティをハッとさせるような、社会的権威に対する「めんどくさいやつら宣言」であり、「キルジョイ宣言」であり、「ダイバーシティ・ポリス宣言」だったんだろうなと、今では思っています。

◆

　教員の中には、活動に参加している生徒にポジティブな声掛けをしてくれる人もいるようで、ありがたく思っていますが、「学校」というくくりで見ると、原理的に歓迎されるはずがないということはすでに見た通りです。変な知恵をつけて寝た子を起こすみたいな警戒感もあるでしょう。そして、この点については危惧の通りになっています笑。もちろんスクール・ダイバーシティの観点からはナイスというか、むしろそうでなければ意味がないわけです。いずれにしても、2013年冬にスタートした活動は14年春には公認されて、そして今に至ります。教頭の言う「呪い」はポジティブに作用しているということでいいかと。

◉1　久保田善丈「『杭州白話報』のなかの〈我々〉と〈彼ら〉」（『歴史学研究』790、2004）、同「"見られる、見る、見せる中国"を見るということ」（『史潮』新57、2005）など。

◉2　例えば、オリエンタリズム批判とジェンダー理論、男性性研究は、ぼくの中では不可分、不可欠で、その観点からデイビッド・ヘンリーウォン『M・バタフライ』（劇書房1989）や、野坂昭如「アメリカひじき」（『アメリカひじき・火垂るの墓』新潮文庫1972）といった作品や台湾の友人に教えてもらったジェンダー論の大傑作、畢恆達「空間就是性別（空間はジェンダーだ）」（心霊工坊2004、

台北)などに夢中になって、その後授業でも繰り返し取り上げてきました。ゼロ年代でいうとホモソーシャル理論(イヴ・K・セジウィック『男同士の絆──イギリス文学とホモソーシャルな欲望』上原早苗・亀澤美由紀訳、名古屋大学2001)、これはどこにでもそれを見出して、何か言えちゃうような気になるので自制するのが難しいくらいでした。いずれにしても、この世紀転換期の数年間に学び考え、感じ直すような経験をしたから「これも多様性ということで笑」「それな笑」とか言い合わなくて済んだのだと思っています。

●3 「男性は、達成か逸脱のどちらかで自分の存在を証明しようとする」という傾向は男性学において指摘されているとのこと、なるほど感あります(太田啓子『これからの男の子たちへ』(大月書店2020、Kindle版p60)

●4 太田〈2020〉、Kindle版pp128−129。太田さんと星野さんの対談のコーナーがあって、そこでの一節。

●5 「スクールカースト」というワードについては鈴木翔『教室内(スクール)カースト』(光文社新書2012)が大きいと思います。その後、ヒップホップユニット、Creepy Nuts(クリーピーナッツ)は「トレンチコートマフィア」(「クリープショー」2018収録)で、コロンバイン高校の事件とスクールカーストを劇的に結びつけますが、そのYoutube動画は映画「桐島、部活やめるってよ」をアレンジしたものになっているのです。これらに先立って「スクールカースト」とキャラを描き切った作品として、白岩玄『野ブタ。をプロデュース』(河出文庫2004)もあげておきます。これは中高のダイバーシティ・ワーカー必読かと。

●6 この問題については、五十嵐太郎『誰のための排除アート? 不寛容と自己責任論』(岩波ブックレット2022)。ウィークネス・フォビアやマイノリティ・フォビアとも密接な問題だと考えます。

●7 「虹色ダイバーシティ」は、セクシュアル・マイノリティとその家族、アライのための認定NPO法人。(https://nijiirodiversity.jp/)。村木さんはその創設者であり代表。研修はぼくが提案しました。

●8 とはいえ「古典的レイシズム」は健在です。2023年2月、岸田首相の秘書官から同性愛嫌悪を隠そうともしない発言がありました。セクシュアル・マイノリティについて「僕だって見るのも嫌だ」「隣に住んでいるのもちょっと嫌だ」という発言です(https://mainichi.jp/articles/20230203/k00/00m/010/32900

0c)。記者たちに「オフレコ」で語られたそうですが、この秘書官にあっては、その場にこの話を聞いて膝を打つような人たちの存在が確信されていたということで、このことは小さくないでしょう。

関連してもう少し。2023年、2月1日の国会予算委員会で岸田首相は、同性婚についてこう語っています。「制度を改正するということになると、家族観や価値観、そして社会が変わってしまう課題なので、社会全体の雰囲気のありようにしっかり思いをめぐらせたうえで判断することが大事だ」(https://www.nhk.or.jp/politics/articles/lastweek/95231.html) これに対してジャーナリストの安田菜津紀さんは、人権を"多数決"で決めるのかと問い、マジョリティが"理解"するまで、マイノリティは不利益をこうむり続けろということなのか、と問います(Dialogue for People https://d4p.world/19913/)。ここですよね、ポイントは。いったいどうすれば? 例えば「クアドラティック・ボーティング」と呼ばれる投票方式。オードリー・タンが紹介したことで広く知られはじめたこの方式は、「望み」「願い」の強さが票に反映されるのが特徴のひとつ。つまり、マイノリティの「望み」「願い」が反映されやすくなる。それをまずは学校の各種投票に導入してみては?ということを考えています。その方法と台湾での実施例については、オードリー・タン『オードリー・タンが語るデジタル民主主義』(大野和基インタビュー・編、NHK出版2022、第4章「投票方法のアップデート」)。

◉9 ここでの「あいつらマイノリティ」の部分に女性やセクシュアル・マイノリティや経済的困窮者、そして「在日」…を当てはめてみれば、果てしない感じがよく分かるのでは。この「現代的レイシズム」についてはちょっと考えてみたことをブログにまとめてあります。https://ameblo.jp/sksd14/entry-12429693521.html

◉10 ぼくは2005年杉並区の教科書選択をめぐる保守とリベラルの応酬をコラムで取り上げたことがあるのですが、読み返してみるとすでにそのころには問題は出そろっているなという印象です。(久保田善丈「2005年、こんなことを問題にしていた」『成蹊論叢』61、2025)

◉11 参加メンバーは社会学、歴史学、文学などをそれぞれ専門としていて、ヘイトフルな時代を質的アプローチ、「ライフストーリー」と呼ばれる手法で考えたり、ジェンダー論、男性性研究の観点からしゃべり合ったりを重ねました。その議論は後のス

クール・ダイバーシティの活動につながっていったし、参加者の研究論文にも反映されました。松岡瑛理／久木山一進「レイシズム／反レイシズム運動のフィールドから：社会運動調査に求められる倫理的課題」（『日本オーラル・ヒストリー研究』12、2016）、松岡瑛理「ヘイトスピーチに対抗する境界的マイノリティ：カウンター活動に加わる「在日」帰化者／ダブルへの聞き取り調査から」『ソシオロジ』60-3、2016）、久木山一進「〈愛国コミュニティ〉に集う人々のライフストーリー：その場がもつ意味と危うさ」（『日本オーラル・ヒストリー研究』11、2015）など。

● 12 中島〈2011〉、pp154－158を参照しつつ、あれこれ考えました。

● 13 北原みのり「男の暴力──秋葉原無差別殺傷事件に思うこと」（『世界』2008年8月号）細谷さんは、2009年の段階で読んだすべての秋葉原事件論のうち、この北原さんのエッセイにもっとも共感したとしています。一方で、加藤元死刑囚の絶望に共鳴するともしています（p49）。細谷さんが「フェミナイズ」されたととらえるロスジェネ世代男性たちの、男性だったら立てるはずのポジションに自分は立つことができない、男たちにはバカにされるし、女たちには相手にされない──という感覚は、社会的な「去勢」がもたらす感覚なのではと思っています。それは同時にホモソーシャルからの脱落を意味していて、そして、それでもホモソーシャルに戻りたい、認められたいという欲望はときに自他を致命的に損なう出来事へとつながるのでは。そう考えると、高校生や大学生世代の「男らしさ」の問題は重要なポイントになると思われます。

● 14 渡辺〈2019〉。教頭へのインタビューから。教頭はまた、スクール・ダイバーシティは部活に近いグループと考えられるけど、スクール・ダイバーシティがあることで「学校を豊かにしてくれる」とも話しています。

● 15 当時のメモにはこんな作品や論考が。映画は「ミルク」「ヘルプ」「パッチギ」…、著書は森岡正博『33個めの石』（春秋社2009）、中島岳志『秋葉原事件』（前掲）、見田宗介『まなざしの地獄』（河出書房新社2008）、RYOJI／砂川秀樹編『カミングアウト・レターズ』（太郎次郎社エディタス2007）、安田浩一『ネットと愛国』（講談社2012）。

第5章
挑発的ダイバーシティの すすめ

　ぼくは「イントロダクション」でこんなことを言っています。ときに挑発的であったり、ときにふざけたダイバーシティ、気前よく「キルジョイ」を引き受け、「ポリス」を宣言してしまうような、遠巻きにされることを先回りしておもしろがれるような、繊細でいて、ふてぶてしくもあるダイバーシティ、そして、威張ったり威張られたりすることから遠く離れるイメージ、権威を出し抜くイメージを大切にするダイバーシティ——そんなダイバーシティを構想、実践していけないだろうか? そうして、それがどんなに局地的であろうと、そこに「ダイバーシティ」がぜんぜん陳腐でも無力でもない時空を作り出すことはできないだろうか? クィア・ネイションのチャントやスーザン・ソンタグの「キャンプ論」、そして、オードリー・タンのアナキズムを持ち出そうとしているのは、そんなダイバーシティを構想するにあたってそこから何かしらヒントを得られるのではないかと直感したからです。その辺りを少し具体的に見ていければ——というのがこの章の話になります。

131

1 〈We're here, We're queer, Get used to it!〉の 気分と論理

> 自分たちはここにいる、そう、自分たちは変態でヘン テコだけどここにいる──っていうことに、いいかげ ん慣れろよ!!

　ぼくは、街頭でこのチャントを聞いたのでも叫んだので もなくて、クィア理論を分かりたいと思って本を読んでい てこのチャントに出会って●1、そして、それがカッコよくて、 とにかくこれはスクール・ダイバーシティの活動にハマる だろうと、直感しました。そのままチャントとして、というこ とではなく、その気分と論理ということですが。

① チャントの気分 ── 挑発的先回り的なスタンスを真似 したい

　社会運動にはいつも「先回り」が求められるわけです が、このチャントの、とにかくその「先回り」の挑発的な感 じ、遠慮のないところがすばらしいし、鮮やかとしか言い ようのないネガとポジの逆転にも気持ちが上がります。圧 倒的多数派が依って立つ何かを乗っ取ってやるとか、そ ういう爽快感。ここでは、このチャントに象徴されるクィ ア・アクティビティビズムの成果が、やがて市場の論理に よって横領、脱力されるという事態についても言及してい きますが、ぼくは、そういった現実をふまえてもなお「スク ール・ダイバーシティにはこのチャントだ」と言うつもりで

す。ひとたび学校に持ち込まれるや、そこに似つかわしくない、挑発的で遠慮がなくて規範逆転的なこのチャントの気分と論理は、とたんに輝きを取り戻すような気がするからです。学校という、マジョリティ仕様の総本山みたいな時空では、このチャント、もうまったくの〈キャンプ〉なのではないか、とも思っています。この点については後述しますが。

　1980年代、AIDS禍にあって同性愛嫌悪と差別は決定的段階を迎えますが、それは、セクシュアル・マイノリティの運動のあり方にも変化をもたらします。その従来のあり方は、異性愛規範社会にショックを与えることなく、むしろ同化の可能性を示しつつ権利の拡大を目指すというようなスタンスでしたが、そこから転じて、差異を強調し、その存在を可視化するという方向へとシフトするのです。同性愛者を「クィア（ニュアンスとしては、オカマ野郎、変態…という感じ）」として痛烈に他者化するその当の異性愛規範社会のまなざしに自らを投げ出していく、しかも問題の「クィア」を肯定的に自称してしまうという戦術、そして、Get used to it! もういいかげん慣れたらどう？──このとき物わかりの悪さにうんざりされてるのは異性愛規範社会の側に他ならない、という立場の逆転。1990年、AIDS Coalition to Unleash Power (ACT UP)の活動から生まれたクィア・ネイションは、異性愛者が集まるバーに現れ、異性愛を前提とする家族の聖地ショッピングモールに繰り出して、その存在感を「仰々しく」見せつけては、クィアの空間と異性愛者の空間を都合よく隔てるようなことはできないのだということを盛大にアピールします。空間自体がもともと異性愛者たちにふさわしい空間としてある

のではなく、そうではなく、圧倒的にヘゲモニックな異性愛規範社会が、誰のモノであっても構わないはずの公共空間を異性愛的に構成した、独占したというわけです●2。このチャントは、そこに楔を打ち込んで、そんな異性愛規範の物語、つまりマジョリティ仕様の社会を可視化する、ぼくはそんなふうに感じています。

　さて、クイア・ネイションの戦術をあらためて。それは、まだ実現されていない社会のあり方を、あたかもすでに実現されているかのように先回りして振る舞ってみせるというやり方に見えます。例えば、異性愛を大前提とするバーやクラブでは、異性愛者たちが誘惑と欲望のやり取りを繰り広げるわけですが、そこにセクシュアル・マイノリティのアクティビストたちが乗り込んで行って、同じように誘惑と欲望のやり取りを演じる──あたかもそれがすでに社会のあたりまえになっているかのように。そんなふうにして、恋愛の対象は違っても誘惑と欲望のやり取りという物語を同じように楽しめるということが共有できたりする、自分たちとあなたたちとは、たしかに「違う」、というか「違う」ところもある、でも、楽しい物語を同じように楽しい物語として共有することだってできるよ、というわけです●3。

　このやり方、何か学校でイベント化できないかなと考えたりもしているわけですが、できることからということで、例えば、この戦術を用いてるように見えるこんな映画をTV朝礼トークで紹介したりしています。映画「シングル・オール・ザ・ウェイ」（マイケル・メイヤー監督、米2021）、クリスマス×家族愛×三角関係ベースのラブコメという、いかにもありふれた設定ですが、でも、その三角関係はインター

レイシャル、全員男性、そして家族はじめ、誰一人として、そこに違和感を持つ者はいない。主人公白人男性ピーターは、黒人男性で友人のニックを「恋人」として紹介すれば家族を安心させられると考えて、そのアイデアに疑いを持ちません。ピーターは、パートナーが黒人であることも、同性であることもまったく気に掛けないし、ピーターの家族の心配は、ピーターが寂しくしていないかという、その一点であって、ピーターのパートナーが黒人だろうが同性だろうがまったくノープロブレムです。だから、この作品では、同性愛について登場人物がどう考えているか、どう感じているかという説明的描写はぜんぜんないわけですが、さて、それは奇妙なことでしょうか？ これまで、いわゆる恋愛ものの登場人物が異性愛についてどう考えているか、どう感じているかという説明的描写がぜんぜんないことを気に留めた人がどれほどいたでしょう？──と、こんな話を朝礼でしたわけですが、何かもっとできそうな気がしています。

②いい感じの個性、いい感じのクィア──再びダイバーシティの臨界

　異性愛社会に対して自らその異質性と存在を誇示するという、このクィア・アクティビズムの戦術は効果的だったと言えそうです。実際、90年代以降、少なくとも欧米におけるセクシュアル・マイノリティをとりまく状況は大きく変化します。合衆国大統領は公式にセクシュアル・マイノリティの権利を擁護しはじめるし、ポップカルチャーのスターたちのオープンでときに挑発的な支援もセクシュアル・マイノリティのイメージをポジティブなものとして構成して

いきます。こうした流れにあって、セクシュアル・マイノリティをめぐる状況は、あの絶望的な80年代とは大きく変わったわけですが、しかしそこで、先ほど触れた問題、「横領」が起こるのです。

　クィアたちがAIDS禍と苛烈な差別にさらされつつその存在を賭けて作りはじめたクィアなパブリック・スペースはやがて、ゲイ・ツーリズムのメッカとして注目されはじめます。各地に形成されてきたクィアなスペースは、活動の意図のとおり、急速に可視化されますが、しかしそれは、ちょうど、民族的多様性を売りにしたエスニック・フェアのような感じで観光地化されていって、そして今、こんな問題が指摘されていているのです。例えば、サンフランシスコ、カストロ地区のような有名なゲイ・タウンが、クィアな人々のみならず、ある種のエキゾチズム、「ちょっとスペクタクルな非日常」を消費したがっている異性愛者を惹き付けるようになります。でも、「ちょっとスペクタクルな非日常」を求めて集まるような観客・消費者が求める「スペクタクルな非日常」というのは、刺激的で個性的だけど感じがよくてこざっぱりしてて、そして、言うまでもなく合法で──というものでなくてはならなくて、そうすると、ゲイ・フレンドリーな都市を目指し始めた行政は、その瞬間から、そんなクィア・スペースをこそ求めるわけで、だから、そこである種の「浄化」が展開されることは避けられないということになるでしょう●4。ちょっと極端に言ってしまえば、異性愛規範社会にとって、そして資本主義にとって「感じのいいクィア・スペース」は、つねに選別の結果として現れることになるし、ホモフォビアとすら親和できてしまうかもしれないということです。ここにいたってぼくが思い起こ

136

すのは、「グレタの個性」の話であり、村田沙耶香さんの「吐き気がするほどの多様性」、かつての生徒たちが口にしてた「ダイバーシティの臨界」の話、その気配を感じていながら突き詰めてこなかったテーマのことです。ちょっと苦しいですが、あらためて自分に向けておこうと思います。朝井リョウ『正欲』から、夏生の独白です。「多様性とは、都合よく使える美しい言葉ではない。自分の想像力の限界を突き付けられる言葉のはずだ。時に吐き気を催し、時に目を瞑りたくなるほど、自分にとって都合の悪いものがすぐ傍で呼吸していることを思い知らされる言葉のはずだ」(新潮文庫2023)。

③ チャントの論理── 差異と普遍のスペクタクルが横領される

● 横領されるクィア

　ゲイフレンドリーな都市の問題点をこのチャントに読み込む清水晶子さんの議論も紹介しておきます●5。清水さんはまず、このチャントがAIDS禍以降盛り上ったクィア・アクティビズムのあり方を象徴すると言います。それは、差異の挑発的なアピールと差異を超えた普遍性の主張という矛盾したベクトルによって構成されているけど、このチャントこそ、それを象徴するというわけです。

　　We're here, We're queer, Get used to it!
　　このチャントが打ち出すのは、《私たち》はすでに《ここ》、すなわちチャントが向けられている異性愛社会に存在しているのだが、同時に《私たち》は異性愛社会に溶け込むことのない《クィア》であり、異性愛社

会はそれに《慣れる》しかないというメッセージだ。もちろんこれが一面では強烈な差異の主張、異性愛社会への同化を拒絶する挑発であることに、疑いの余地はない。…《私たち》は異性愛社会の《あなたたち》に同化することはないが、しかしまた同時に異性愛社会である《ここ》にすでに存在しており、その意味で《あなたたち》は《私たち》を全くの他者として切り捨てることはできない。それどころか、《私たち》はしばしば《あなたたち》が知らないままにすでにここにいるのであり、私たちとあなたたちとの区分が敵対的に確認されるまさにそれと同時に示唆されるのは、両者をわかつ境界線がすでに《私たち》によって乗り越えられており両者の区分が成立しなくなっている可能性である。《あなた》と《私》とを区別する差異と、《あなた》と《私》との切断不可能性あるいは接続の可能性とは、矛盾したまま同時に主張されているのだ。

　こんな矛盾を抱えつつ、というか、そこも悪くないとぼくは思いますが、クィア・アクティビズムは、それ自体を魅力的でエキサイティングなものとして印象付けることに成功し、結果、ポップカルチャーなども経由して広く関心を集めることになります。でも、そこでの見せ方と受け入れられ方は要注意、というのが清水さんの考えです。それはちょうど、エスニックフェアのマーケットみたいになってはいないか──というわけです。こんなふうに言われています。

　　マーケットにおける商品価値は他の商品との違いか

ら生まれる。互いに類似している多数に対して違っていること、ずれていること、つまりマジョリティからの差異というのは、見せ方、売り方によってはまさしく売れる要素となる。このような状況において、マイノリティによる可視性のポリティクスが成功するためには何が要求されるのか。それは、「マジョリティに寄り添い、マジョリティが消費できる形で、マイノリティの差異をショーアップして（目を惹くようにして）売り出す」ことに他ならない。

　清水さんが、読み込んでいるのは、市場の論理がダイバーシティを都合よく横領、脱力するという可能性でしょう。ここで問題とされているのは、いうまでもなく、さきほどの話、クィア・スペースのパブリック化、ゲイ・ツーリズムやゲイ・タウンの商業化の話と同じ構造です。

● そのうえで「学校」でならまだイケるかと
　これ、ホントその通りだと思います。思いますが、でも、でも、でも——と、ぼくが思うのはこういうことです。学校をフィールドとするダイバーシティ・ワーカーの立場からすると、学校はぜんぜんそこまで行ってない、そもそも、ようやく「ダイバーシティ」というワードがこなれてきて、セクマイは都市伝説ではないということにもなってきたタイミング、「周回遅れ」ということでイメージしてもらえるとちょうどいいのだと思います、学校は。だからむしろ、今こそ、だと思うのです。あのチャントの気分と論理を響かせるのは。

　Get used to it——いいかげん慣れろ、おまえらが慣

139

れろよ。この挑発的で立場逆転的なフレーズは本当に魅力的で、このときクィアもダイバーシティも少しもダサくないし、陳腐じゃないです。差異のそんなところにピンと来る誰かもクールだし、分かるやつには分かる的なカッコよさも漂う——という感じでしょうか。少なくとも学校という根強いマジョリティ仕様の時空においては、このチャント、まだまだ十分すぎるくらい挑発的で、無遠慮で、そして、無視できないような何かであり続けるに違いないのです。というわけで、何か、このチャントのようなイベント的なことをできたらなと思っています。

2 〈キャンプ〉なダイバーシティを気取ってみる

きれいな湖畔で——というのではない〈キャンプ〉、スーザン・ソンタグがその短いエッセイで示した〈キャンプ〉はきっと、「ダイバーシティ」を横領、陳腐化、脱力しつつ、行儀のいい退屈な良識の枠に収めてしまおうとする社会的権威を動揺させるだろう、と、こんなことを直感したわけですが、これはけっこう当たってると思います。そもそもソンタグが〈キャンプ〉論を書いた1960年代というタイミング、黒人たちが、女性たちが、セクシュアル・マイノリティが市民的権利を求めて立ち上がったタイミング、ということをふまえれば、〈キャンプ〉は、「確立されたヒエラルキーを覆すための幅広い動きの一部であった」はずだし、「キャンプとはレジスタンスだった」というまとめ●6も、ぜんぜんありでしょう。

① 〈キャンプ〉ってこういうこと？

それで〈キャンプ〉って？　ということですが、ここでいう〈キャンプ〉とは、ソンタグが示したある感性、態度、スタイルのことで、それは、映画や絵画や小説や詩や音楽、さらには建築物からアクセサリー、ファッション他、あらゆる作られたモノやコト、人物のあり方、そして、それらを見る、評価するときの誰かの感性、態度のことなのです。それはソンタグも指摘している通り、例えば、ドラッグ・クイーンをイメージすると「ん？分かったかも」ということになりそうです。いかにも「悪趣味」と言われそうな「不自然さ」や「人工的」な感じ、そして、これみよがしの「誇張」に、だからこそ惹きつけられるような感性、態度、つまり、常識的で良識的な行儀のいい感性や美意識や態度に抗って、「いや、これがいいんだよ、すごいナイス！」という読み替えができるような感性、そして、そんな読み替えの態度、要するに、過剰だったり、欠如があるのは明らかだけど、その過剰さの具合、欠如の仕方、誇張のあり方それ自体に惹かれるような、そういうことを楽しめるような感性、態度、これがざっくりと言って、〈キャンプ〉な感性、態度だし、もちろんこのときドラッグ・クイーン自体も〈キャンプ〉なんだと思います◉7。ソンタグによれば、その登場は18世紀初め、その後19世紀英国経由で、「鋭くて秘密めいて倒錯的な色合いが加わって」きて、そしてさらにアール・ヌーヴォーを経ると、オスカー・ワイルドなどによって意識化された、とのことです。

　いずれにしても、〈キャンプ〉に定義はなくて、それはあくまでも感覚の問題、個々の趣味、センスの世界での話、ということになりますが、でもこれ、異質ないろいろを「異質だから排除」というのではなく、異質さの、そのあり方

挑発的ダイバーシティのすすめ

141

におもしろさの可能性を探るという、そんなベクトルは、ス
クール・ダイバーシティの感性とも親和するような気がし
ます。というわけで、ダイバーシティの世界に、より意識的
に〈キャンプ〉な感性、態度を持ち込んでみてはどうだろう、
とそんなことを考えてみたいと思います。

② リスキーだけど挑発的で効果的？

「〈キャンプ〉なダイバーシティ」は、「ほどよい個性」や
「都合のいい多様性」でお茶を濁そうとする社会的権威
を慌てさせると思うし、そこにはアリバイ的なダイバーシ
ティを置き去りにするような推進力を期待できる、そんな
ふうに思っています。もちろん簡単ではないです。過剰や
欠如にこそ惹かれるとか、ときに意図的に過剰や欠如を
作り出してそれをおもしろがるみたいな感性、態度。そこ
ではつねに何かしら作為が要請されるし、そうすると「狙
って外してる痛いヤツ」のリスクを取ることにもなるし、い
ろいろ反発も予想されます。なにしろソンタグ自身がこん
なふうに言ってるくらいですから。

> …キャンプは部外者には近寄りにくいものだ。それは
> 都会の少数者グループのあいだの私的な掟のような
> ものであり、自らを他と区別するバッジのようなもの
> にさえなっている。…私はキャンプに強く惹かれ、ま
> たそれに劣らぬほど強く反発も感じている。(ソンタグ
> pp431-432)

でもソンタグは、こんな感性を「反発によって制約され
た深い共感」(ソンタグp432)と呼び、こんな「共感」こそが、

〈キャンプ〉と距離を取りながら〈キャンプ〉を考え、そして〈キャンプ〉を演じるために求められると考えるのです。そうして再生産される〈キャンプ〉ないろいろに、周囲はおどろき、反発を感じつつ、惹かれる——それはつまり無視できない存在、そこから目が離せない何か。としたら〈キャンプ〉は、陳腐化の罠を避けながら何かを発信して、何かしらの変化を生み出したい誰かたちにとって、たいへん効果的な方法になりうるし、これ以上ないスタイルということになるのではないでしょうか？

③「〈キャンプ〉についてのノート」について

● 永遠の〈キャンプ〉論のはじまり

　ソンタグのエッセイには〈キャンプ〉について58のポイントが厳密な仕切りなくつらつらと挙げられています。で、映画、絵画、小説、マンガ、そして、建物、彫刻から人物まであらゆるところに〈キャンプ〉が見出されては、「キャンプとは？」を示唆していくわけですが、でも、実のところ、それによってその輪郭が明確になるというようにはなかなかいきません。〈キャンプ〉はあくまでも感覚、感性、趣味の領域にあるし、ときに首尾一貫していないことだって、それゆえ〈キャンプ〉になりうるからです。つかめるのは〈キャンプ〉の傾向だけです。でも、だからこそ、「じゃあ、身の周りに〈キャンプ〉を見つけてみよう！」◉8ということになって、「これ〈キャンプ〉だと思うんだけど、どうかな？」みたいなやり取りはきっとおもしろい時間ということになるでしょう。そんな議論のいかにもめんどくさそうな感じもナイスです。つまり、ソンタグのあの文章、「〈キャンプ〉についてのノート」は、永遠の〈キャンプ〉論のはじまりなのだ——という

143

ことでどうでしょう。

　もちろんソンタグの議論にもヒントは散りばめられています。例えば、「今」「ここ」ではさっぱりな何かも、「あのとき」「あの場所」でならば〈キャンプ〉かも、ということで、ソンタグはこのあたりの流動性について、はっきりとこう記しています。「もちろん、キャンプの標準は変わりうる。これには時の経過が大いに関係がある」(ソンタグp448)、「以前は陳腐だったものも、時がたつと奇想天外なものになることがある」(同p449)。

　マゲは江戸時代には少しも〈キャンプ〉ではないけど、今だったらなかなかの〈キャンプ〉候補ということになるかもしれない、ということですよね。

　「標準」が変わる要因は、もちろん時間だけではありません。例えばトドリック・ホール(第3章参照)が成蹊高校の生徒だったら？　米国のリベラルなカルチャーシーンでは少しも〈キャンプ〉ではないいろいろは、日本の高校ではすごい〈キャンプ〉かも？──ということをdunchでやったことがあります。

　いずれにしても、ちょっと思うのは、むしろ「学校」という「普通と良識の時空」でなら、〈キャンプ〉はそれほど難しくないのではないか、ほんの少しのハードルにトライするだけで、ハッとするような空気を作り出せるのではないか、ということです。

●「挑発的ダイバーシティのための〈キャンプ〉についてのノート」

　ということで、ソンタグの「ノート」は必ずしも解答への

直線的な近道ではないのですが、もちろん、〈キャンプ〉を
つかまえるためにはマストです。ここでは、とにかくわたし
たちの活動に持ち込めそうな発想を、おいしいとこ取り的
に、まあ、だから、完全に恣意的なんですけど、そんな発
想をピックアップして、かつ現代の空気感をふまえて、言
葉を整えてみました。「挑発的ダイバーシティのための〈キ
ャンプ〉についてのノート」という感じです。

◆ 〈キャンプ〉とは一種の審美主義。そして、〈キャンプ〉
　 的であることは、人工的で、都会的で、誇張されてい
　 て、どこか外れていて──という要素を含んでいる●9。
◆ 〈キャンプ〉の審美主義においては、ある何かや振る
　 舞いが「どのように外れて」いるか、「どんなふうにあ
　 たりまえでないか」、「いかに退屈でないか」、というこ
　 とが基準になる。
◆ 〈キャンプ〉は、人工のモノや人々の行動に見出され
　 る。だから、もちろん〈キャンプ〉な映画や服装や家
　 具や楽曲や小説や人間や建物などもある●10。

ここはいいですよね、大枠はこんなところかと思います。
あらゆるモノ・コト・ヒトが、〈キャンプ〉になりうると同時
に、〈キャンプ〉趣味の対象にもなりうるということもいい
でしょう。だからポイントは基準、というか観点ですよね、
そこに違いが出る。

◆ 〈キャンプ〉は、広く一般に受け入れられそうな審美
　 的観点に背を向ける。高尚であるか、俗悪であるか
　 も問わない。むしろ〈キャンプ〉の経験は、高尚な文

化だけが洗練を独占しているのではないという大発
見に基礎をおく。「悪趣味についての良い趣味」を発
見することは、わたしたちを解放してくれる。

◆ でも、「良いもの」を悪いと言ったり、「悪いもの」を
良いと言ったりするのが〈キャンプ〉ではなく、〈キャン
プ〉がやるのは、あらゆるモノ・コト・ヒトに対して、も
うひとつの、あるいはさらなる判断基準を提供するこ
とだ●[11]。

　このあたり、どうでしょう、「悪趣味についての良い趣
味」とか、「もうひとつの、あるいはさらなる判断基準」と
か。ソンタグの「ノート」を（好きなように）読み込んで、〈キ
ャンプ〉のいろいろな側面から、こんなフレーズをピックア
ップしてみると、が然、「挑発的ダイバーシティのために」
──という感じになると思うのですが。

◆ 〈キャンプ〉とクィアとは距離が近い。例えば、同性愛
や両性具有性との親和性は高いし●[12]、ある誰かの
性別の境界のあいまいさや、男性の中の女性性や女
性の中の男性性はときに〈キャンプ〉だし、また一方
で、「わざとらしくてどぎつい女らしさ」だったり、「誇
張された男らしさ」だったりもときに〈キャンプ〉だ。

◆ だから、もちろん、「ドラァグ・クイーン」と〈キャンプ〉
はよく親和する。ただし、女装する男を侮蔑的におも
しろがるための女装は、〈キャンプ〉にならない。女装
自体に焼けつくような情熱を注ぐ女装は、その「度外
れ」さにおいて〈キャンプ〉になる。

現代的な言い方をすると、この部分は〈キャンプ〉と「性表現（Gender Expression）」との親和性に言及した部分のまとめということになるでしょう。これは、制服の問題はじめ、学校とはいよいよ相性の悪い、でも、もはや避けては通れない問題、めんどくさい問題ということになるでしょう。この流れでわたしたちがやったイベント「女装、男装、ジェンダーレス装写真コレクション」については後述。

　つづいて、〈キャンプ〉と「真面目」の関係。例えば「女装自体に焼けつくような情熱を注ぐ女装」とは、「真面目な女装」であって、それゆえ〈キャンプ〉たりうる——というわけで、ソンタグは、この点についてかなりはっきりとした表明をしていますが、まずは少しだけ遠回りします。

◆ 〈キャンプ〉趣味はあらゆるものをカッコ付きで見る。トマトではなく「トマト」。つまり、〈キャンプ〉趣味は、どんなときもちょっとずらすし、ふざけるし、距離をとる。時間の経過や社会的文脈の違いはある何かを〈キャンプ〉にすることがあるが、それはやはり、ずれや距離のなせるわざだ。

　ぼくは、この「ずれ」や「距離」が、というか、そこに注がれるまなざしが、何かを〈キャンプ〉にするのだと直感しています。そして、これは経験的な感覚ですが、「真面目」は、「真面目」であればあるほどそれとは知らずに「距離」や「ずれ」を構成すると思うのです。この見立てはたぶん間違っていないでしょう。だから、実は「真面目」は〈キャンプ〉とすごく相性がいいのでは？ そんなふうに考えてい

ます。というわけで、ソンタグの〈キャンプ〉＆「真面目」論をいくつか。

◆ 芸術的成功、意図と結果が直線的に結びつくような成功は、素晴らしいとされるけど、失敗も苦痛も残酷も錯乱も、真摯で真面目な創作の結果として〈キャンプ〉にはなりうる。

◆ 〈キャンプ〉は、真面目なものを王座から引きずりおろそうとする。〈キャンプ〉はふざけていて、不真面目だ。〈キャンプ〉は、真面目さに対して、新しくて、より複雑な関係を作り出そうとしている。わたしたちは、不真面目なものに対して真面目になることも、真面目なものに対して不真面目になることもできるのだ。「誠実さ」だけでは充分でないことに気づいたとき、人は〈キャンプ〉にひかれる。誠実さは、要するに無教養ないし知的偏狭さにすぎないかもしれない。

これ、「真面目」や「誠実」を笑おうというのではありません。そうではなく、「真面目」や「誠実」に〈キャンプ〉を見いだすことは、どうしても「真面目」で「誠実」になってしまいがちなその当の「真面目」で「誠実」な誰かをも解放するのだ――と、言いたいです。これ、ちょっといいですよね。ソンタグはこんなふうに言っています。

◆ 〈キャンプ〉は寛容で、快楽を求めていて、やさしい。悪意やシニシズムに見えたとしても。〈キャンプ〉は、真面目になることはダサいみたいなことは決して言わないし、真面目にやって結果を出す人を冷笑したりも

しない。ある種の情熱のこもった失敗のなかに、成功を見いだすことはあっても。

◆〈キャンプ〉趣味とは、一種の愛情、人間性に対する愛情だ。それは、ちょっとした勝利や性格の奇妙な過剰さをジャッジするのではなく、愛でるのだ。〈キャンプ〉趣味は、それが楽しんでいる対象に共感する。この感覚を身につけている人は、〈キャンプ〉というレッテルを貼ったものを笑っているのではなく、それを楽しんでいる。

このあたりのことを上手に表現している文章を見つけたので、ここでまとめの代わりにあげておきます。

　…キャンプとはいわば「失敗した真面目さ」なのであるが、これをくだらないものとして切り捨てるようでは、キャンプな姿勢からは程遠い。むしろ、美や誠実さのような道徳的基準から解放し、失敗した真面目さの享楽を味わうようになってはじめて、キャンプな見方は可能になるのである。すなわちキャンプとは、悪趣味なものを禁欲的に締め出すのではなく、それを快楽として受け取り、愛で、楽しむ姿勢といえるだろう。そのためには、常軌を逸したものを受け入れる器の広さが不可欠だ。だからこそ、「キャンプとは一種の愛情」であり、「やさしさ」なのである。◉13

　以上、スーザン・ソンタグの58のメモを、「挑発的ダイバーシティ」のために、という観点で読み込んでみて、そしてまとめ直してみたわけですが、〈キャンプ〉なダイバーシテ

149

ィって？ 挑発的ダイバーシティって？——といったことを
考えるヒントになるといいかなと思いますけど。

③ ダイバーシティ×アナキズムのイメージで

① 爆弾と無秩序ではないアナキズム？

　支配したりされたりしない世界を目指すアナキズム、相
互に扶け合うアナキズム、気前のいいアナキズム、違いを
包み込むアナキズム、安心できる時空のためのアナキズム、
つまり、爆弾と無秩序ではないアナキズム——このところ
そんなアナキズムが語られていて、そして、オードリー・タ
ンによってアレンジされたアナキズムは、強制のない社会
を目指すアナキズム、多様な存在がそれぞれの多様性を
「保守」しつつ「安全な居場所」を「保守」できるような社
会を目指すアナキズムで、それは「保守的アナキズム」と
名付けられたわけですが●14、ぼくにはそんなアナキズム
がこのうえなく「ダイバーシティなアナキズム」に見えるの
です。

　では、アナキズムはすっかり穏やかになって、みんなに
安心して受け入れられるような政治思想になったのかと
いうと、それはちがいますよね。オードリー・タンは、アナ
キズムという言葉が怖すぎるというなら、べつに「老子」
の思想、道教ということでもかまわないと言わなければな
らないし●15、人類学経由で「爆弾と無秩序ではないアナ
キズム」の大きな可能性にピンと来た松村圭一郎さんは、
それを広く伝えるために「くらしのアナキズム」という「恐
ろしくない」ワードを用いるのです。これ、「アナキズム」
はそのままでは、まだまだ得体の知れない、恐ろしい何か

なのだということでしょう。一方で、ぼくが考えるのは、今や陳腐化され、脱力されて、ぜんぜん怖くない「ダイバーシティ」には、そんな「恐ろしい何か」が、むしろ求められているかもしれないということです。というわけで、ぼくは、「恐ろしくも危険なアナキズムの残像」もあえて持ち込みつつ、実際にはすぐれてダイバーシティなアナキズムを意識していきたいと、そんなふうに考えています。現状、アナキズムは、それがどんなにダイバーシティなアナキズムであっても、いい感じに〈キャンプ〉で、〈――Get used to it!〉で、だから、ぼくが考えるスクール・ダイバーシティの実践にぴったりの発想でありワードであるような気がするのです。

　例えば、20世紀前半のアナキストでフェミニストの伊藤野枝を描いた栗原康さんの著書のタイトル『村に火をつけ、白痴になれ』(岩波書店2016)、なんというか、往年のアナキズムイメージの残像が乱反射するこのタイトルは、鮮やかに〈キャンプ〉で、すごいです。でも一方で、この評伝のポイントは、「気前のいいアナキズム」なのだと思っています。野枝の渇望するいろいろは、それがどんなに「わがまま」に見えたとしても、押し付けられる「らしさ」からの解放につながる何かとして力強く肯定されるように読めます。著者栗原さんのそんな「気前の良さ」が、救いやエンパワーをもたらすのかなと◉16。

　直近のアナキズム本で、もうひとつタイトルからして〈キャンプ〉なのは、高島鈴さんの『布団の中から蜂起せよ――アナーカ・フェミニズムのための断章』(人文書院2022)。「布団」と「蜂起」！ この痛烈なギャップ、ミスマッチは、アナキズムの読み込み方次第で、ぜんぜん「あり」になるの

です。もうこれ以上ないくらい行き詰ったパーソナルないろいろが、アナキズムを通じて誰かを救う、アナキズムを通じて救われる、政治になる、革命につながる——という、そんな想像をうながすような高島さんの文章、すごい〈キャンプ〉だし、ダイバーシティです。こんな一節も刺さります。

> ただフェミニストであるだけでも、ただアナキストになるだけでも、弱い立場に置かれた生を広く巻き込んだ革命は起こせない。同時に、アナーキーとフェミニズムが両輪であるべきだと可視化していく必要がある。●17

　高島さんは、だから「アナルコ・フェミニスト」を名乗るのです。一方でアナキストを名乗る人たちのマッチョで行動偏重的な雰囲気については、そこに男性中心主義を見出して、ダメ出しします●18。ぼくは、映画「トレイン・スポッティング」にうっかり惹かれて、囚われてしまうような、ちょうどそんな感じで、アナキズムの行動偏重的な物語にカッコよさを見いだしたりもするわけですが、同時にそんな物語に「置き去りにされる」感もすごいです、「支配のない世界」も遥かに霞んでしまうような。だから、アナキズムはフェミニズムを必要としているという高島さんの表明には、「あ、そういうことか」と思ったし、助けられたとも思っています。きっとたくさんの人が救われたことでしょう。さらに、高島さんには、「口当たりのいいフェミニズム言説」の一般化が「フェミニズム」の脱力を進めているように映るし（「ダイバーシティ」をめぐる状況とそっくりの構造に見えます）、

フェミニストたちによるときに権威主義的なコミュニティ形成のあり方を見聞きするにつけ、フェミニズムもまたアナーキーを必要としていると考えるのです●19。

　これ、いいですよね、たしかに、こんな認識が広く深く共有されていけば、「え？ 仲間じゃなかったの？」みたいな困惑やがっかりも少なくなっていくと思うし、男らしくもない、そもそも男でもない、強くも、元気でもない誰かたちでも、安心して支配したり支配されたりのない世界を目指すことができるのでは。ぼくは、ときに恐ろしい言葉も使いながら恐ろしい問題にアプローチしたいわけですが、だからこそ、安心できる時空はやはりほしいです。アナキズム×フェミニズムな時空にはそんな可能性を感じます。

②思わず「もれる」声に耳を傾け合う

　こんなこともふまえて注目したいのが、松村さんが紹介していた「もれる」という概念です。もともとは江戸時代の思想家安藤昌益の議論だそうです。誰かが抱えている「難しさ」がいつも「もれ」出ていて、それを誰もが目にするという状況をイメージしてください。どうでしょう、そんな状況では何かしら余裕のある誰かからも「難しさ」を解決するためのいろいろがおのずと「もれ」出していくのでは──。ということで、この話は、「もれ出すこと」に寛容であることは相互扶助や自治を促すという可能性の指摘です。このとき構想されているのは、誰かが抱えている困難を共有できる社会ということですよね。で、それと逆のベクトルで社会をヒンヤリとさせるのが、おなじみの「他人に迷惑をかけてはいけない」という言葉なのではないか、この言葉は「もれ」を否定し、抑圧してきた、だから、

挑発的ダイバーシティのすすめ

153

「くらしのアナキズム」には、「もれ」をうながし、うまく「すくいとる」技法が必要だというのが、松村さんの言う「くらしのアナキズム」のツボですが●20、これはスクール・ダイバーシティのスタンスとも深く親和すると思うのです。

　スクール・ダイバーシティは「わがまま」にこそダイバーシティな可能性を読み込んできました。こらえきれず、思わず「もれる」声、どうしてもスルー出来なくて、思わず「もれる」声、そんな声は「わがまま」ですか？　そんな声が少しでも「もれ」出ているうちが、ぎりぎり大丈夫な社会だと、ぼくは思います。それは、まだ「"もれ"ても大丈夫な、安全な場所」がなんとか残されているから、だからこその声です。そんな「もれる」声を圧殺しないこと、というか、むしろそんな声を引き出すような仕掛け、これこそがダイバーシティな社会へとシフトするための、多様性仕様の社会へと踏み込むための足掛かりだと思うのです。

　ぼくは、23年冬、この「もれる」の話をdunchのグループチャットで紹介、さらに、「わがまま言うな」とか「不平不満言うな」はもちろん「呪い」だけど、この議論を読むと、なんといっても「呪い」なのは「他人に迷惑をかけてはいけない」だよなあってあらためて思ったという話。そして、何かにつけて「もれる」ことや「もらす」ことは「迷惑」の象徴だけど、それをあたりまえに引き受け合うような気前のよさって大切かも──という話を共有しました。そうしたところ、当時高3のじゅにあさんから、こんな気のきいた話がさらに共有されたので、あげておきます。クリスマス前になると、小さな子どもの保護者や、幼稚園・保育園教諭、あとは子供向けメディアなんかがこう声をそろえますよね、──いい子にしてたらサンタさんが来るよ。でも、

この「いい子」ってどんな子？ という話です。じゅにあさんは言います。

> さて、この"いい子"って何でしょうか？ 差別を許さない子？ "多様性を寛容さをもって受け止める"●21子？ そんなわけありません。ここでの"いい子"とは、"周り（大人）の言うことを聞いて、周りに迷惑をかけない子"です。…大人に支配されに行かないと、プレゼントがもらえない世界。これが現状です。

高校3年生になったじゅにあさんは、もう欲しいものがあれば自分で買うことだってできるわけですが、でも、「迷惑をかけるな」の「呪い」にはずっとやられてきたとのことで、こう言っています。

> …おそらくそのせいで"いつだれがどこで見てるかわからない"という恐怖心みたいなのに陥ってしまうことが今でもあります。無意識のうちに"周りに迷惑をかけないようにするには…"みたいな発想に陥り、時には無理をしてしまうこともあるぐらいです。

じゅにあさんは、自身を振り返って、どうしてもがんばってしまう傾向、結果、「体調を崩しがち」という現状とこの「呪い」は無関係ではないと考えます。そして、さらに、これは自分の身にだけ起こっていることではないだろうと考えます。で、例えば、それをdunchでしゃべり、TV朝礼で全校に投げかけて——と動いていくのです。
「無理をして体調を崩しがち」というきわめて個人的に

見える問題に、「呪い」によって支配を進めようとする側と、そんな「呪い」に掛けられて苦しむ被支配者たちとの関係を見出して、それを問題化しようとする、この一連の流れ、思わず「もれる」声を大切にする社会にむけての働きかけに見えるし、まさに「布団ー蜂起」なのではと直感するのですが、どうでしょう？

◆

ドラマ「罠の戦争」(関西テレビ、2023)にこんな設定があります。ここ一番の土下座と徹底的な付き合いの良さで政界を歩んできた昭和な男性クズ国会議員が、そのキャリアの終盤にいたってはじめて大臣のポストをあてがわれるのですが、そのポストとは、「内閣府特命担当大臣、ダイバーシティ担当、共生社会担当」なのです。

ここでの「ダイバーシティ」はすでにまったくのお題目、あたりさわりのないモノの極致だし、「跡目」を意識している彼のドラ息子がこんなふうにうそぶくあの場面、そこは「ダイバーシティ」の墓場です ——「ダイバーシティについて、語っちゃうよ、俺も笑」。恐ろしい言葉も、恐ろしい問題も避けて通りたいような社会的権威に横領された「ダイバーシティ」の、これが成れの果てというわけですが、ここ成蹊高校ではまだ、その本来の力が失われていない、そんなふうに思えることもしばしばです。「何をしゃべるか事前に確認させてほしい」——そんなことを言われがちで、うっとうしくもあるわけですが、それは、わたしたちの存在が予定調和の中にはないこと、何かしら刺々しさやはみ出していく感じを持ち続けていることの証なのだとも思えるのです。そもそも、誰もが安心して聞けるような「ダイバーシティ」はすでに力を失っている。第1章に

156

も書きましたが、みんなに温かく受け入れられているダイバーシティ・ワーカーは、すでにその役割を終えているか、まったく仕事をしていないかなのです。大多数にとって温かい空気にひんやりとした亀裂を入れて、その空気に見直しを迫るのが、つまり、大多数にとってキルジョイであり、ポリスなのが、ダイバーシティ・ワーカーだからです。

　わたしたちは何か大きな生き物の尻尾みたいなもので、うっかりしていると、本体の意のままにしか動かない小さな存在になってしまいます。ホント要注意なのです。だから、自立（自律）と同時に何かしら目が離せないようなやり方で、尻尾がむしろ本体を振り回すようなことをやっていかないと、と考えます。そんなふうに仕掛けていくことが、わたしたちの仕事なのではないか。隙を見つけては、権威をすり抜けるような、はみ出していくような、思わず「もれる」声を引き出すような、そんなアナキズムなダイバーシティを——と、そう考えたときに、これだろ！ となったのがあのクィア・ネイションのチャントであり、〈キャンプ〉だったというわけです。

- ◉1　菊地夏野 / 堀江有里 / 飯野由里子『クィア・スタディーズをひらく2』（晃洋書房2022）、とくに第2章「ようこそ、ゲイ・フレンドリーな街へ」（清水晶子）。チャントについてはとくに清水〈2019〉。

- ◉2　清水〈2019〉、菊地他〈2022〉第2章照。

- ◉3　このくだりで示した発想は、清水〈2019〉で紹介されていたクィア・アクティビストたちのやり方と清水さんの「読み」に基づいたものです。また、「あたかもそれがすでに社会のあたりまえになっているかのように」という言い回しは、アナキスト人類学者デヴィッド・グレーバーの「すでに自由であるかのように振る舞う」という「言い回し」がとても印象に残っていて、それを援用しています（デヴィッド・グレーバー『アナーキスト人類学のための断章』以文社2006、p19）。

●4 「エキゾチシズム」という発想、「浄化」というワードについても
菊地他〈2022〉第2章参照。

●5 清水〈2019〉参照。

●6 実際、ソンタグがこのエッセイを発表した当時、けっこうな人
たちがその議論に怒り出したようです。(ベンジャミン・モーゼー
「スーザン・ソンタグがメットガラ2019を嫌悪しただろうと思える理由」
2019)

https://www.elle.com/jp/culture/celebgossip/
a22055094/susan-sontag-met-gala-2019-camp-
theme-190507/

モーゼーはソンタグの伝記を書いています(Sontag: Her Life
and Work. Ecco2019)。ちなみに、今やセレブの感性の頂上
決戦?にも見えるメットガラはメトロポリタン美術館コスチュ
ーム・インスティテュートの資金調達のための祭典で、2019年
のテーマが〈キャンプ〉でした。日本語で読める新しいソンタグ
論としては波戸岡景太『スーザン・ソンタグ「脆さ」にあらがう
思想』(集英社新書2023)。スーザン・ソンタグは2週も3週も回
って、カッコよかったり、もうカッコよくなかったりするのですが、
ぼくの中では今、そのキャンプ論が大ブーム、という感じです。

●7 ちなみに、「学校×ドラァグ・クイーン」を、国際基督教大学高
校は、特別授業的な枠組みで実現させています。https://ic
u-h.ed.jp/school_now/2020/202011_index.html

この企画者の生徒がdunch(オンライン)に参加していたことも
あり、ぼくと小野美由紀さんで参加させてもらいました。小野
さんの参加記はこちら。https://mirror.asahi.com/amp/
article/13917134?__twitter_impression=true

●8 こういう試みは大学の授業なんかで行われてるみたいで、例え
ば、早稲田大学創造理工学部建築学科の授業「課題」を見
つけました。学生たちはあまり親切ではないヒント集を頼りに
各自〈キャンプ〉を想像し、デッサンで表現するというもの。学
生たちには、がんばれと言いたい。

https://2017sekkeiensyu.wordpress.com/2018/02/21/
c9%e3%80%8c%e3%80%8a%e3%82%ad%e3%83%a3
%e3%83%b3%e3%83%97%e3%80%8b%e3%81%ab%
e3%81%a4%e3%81%84%e3%81%a6%e3%81%ae%e3
%83%8e%e3%83%bc%e3%83%88%e3%80%8d/

●9 だからソンタグは、「自然界のものは決してキャンプ的ではあり

えない」と言っています。(ソンタグ〈1996〉)

◉10 例えばガウディ個人もその建築物も〈キャンプ〉とされます。(同上)

◉11 〈キャンプ〉は「現代のダンディズム」だともソンタグは言います。「高尚なもの」が大好きな人たちも古いダンディも眉をひそめるような何かにピンと来て身に纏うのが〈キャンプ〉であり、新しいダンディーであって、それは退屈なモノ・コトから離脱し、道徳的憤慨を骨抜きにする、というのです。(同上)

◉12 同性愛者のある部分は、〈キャンプ〉の最前線をなしているし、その受容者でもある——というのがソンタグの見立てです。ソンタグはユダヤ人にも同様の傾向を見出していて、この2つのグループは、都市文化のなかで、創造的少数者グループとして際立っているとしています(同上)。ちなみに、初期の草稿段階ではこのエッセイは「ホモセクシュアリティについてのノート」と呼ばれていたとのこと(モーゼー〈2019〉)。

◉13 松本理沙「悪趣味なものを楽しむ——スーザン・ソンタグの《キャンプ》論」(2021 https://kyoto-ex.jp/magazine/2021s-contribution/)。京都国際舞台芸術祭 KYOTOEXPERIMENTの実験的な舞台芸術に〈キャンプ〉な何かを見出した文章です。なお、本節のベースになっているのは、ぼくのこの論考です。久保田善丈「挑発的ダイバーシティのための〈キャンプ〉論」(『サステナビリティ教育研究』3号、2021)。

◉14 タン〈2020〉第3章。この発想について、人類学者で「くらしのアナキズム」の提唱者でもある松村圭一郎さんは「たぶんそれ以上に大切なことはない」として、こう言ってます。「たとえ、その変革が必要であったとしても、一人ひとりの暮らしを犠牲にする変化は持続可能でもなければ、望ましいものでもない。だからこそ、既存の国家の体制をうまく利用する。国家のなかにアナキズムの空間をすこしずつひろげていく。そういう意味での「保守的であること」が「くらしのアナキズム」には必要になる」(松村圭一郎『くらしのアナキズム』ミシマ出版2021、pp70-71)。ちなみにオードリー・タンは「思考はグローバルに、行動はローカルに」と言いますが(タン〈2020〉、Kindle版p106)、それは、たんに空間的なことを言っているのではなくて、統整的理念と構成的理念のことを言ってるのかなと思います。「誰にとってもよりよい世界」というエンドレスなゴールと、そこにアプローチし続けるための目の前のいろいろ、ということでしょう。松村さんがこう言うのも同じかなと思います。「おそらく、生きている

うちに革命やユートピアは実現しない。たとえそうでも、「より よき」へと向かう道のりを楽しむこと。それが大切なのだと思 う。」(松村〈2021〉、p13)

- 15 タン〈2020〉、Kindle 版 p70
- 16 雨宮まみさんがこんなことを言ってます。「実は私はこの本を 読むのが怖かった。…自分の弱いところを徹底的にぶっ叩か れそうで、本当に怖かった。でも、そうじゃなかった。真にひと を力づけるもの、勇気づけるものとは、そういうもんじゃないん である。真にひとを力づけるものは、こっちを叩きのめしてなん かこない。」(「雨宮まみの"本でいただく心の栄養"」https://spur. hpplus.jp/culture/mamiamamiya/201606/20/cXmAM3A)
- 17 高島〈2022〉、pp29-30。
- 18 高島さんは、栗原さんについても、そんなノリを見出しているよ うに読めます。また、そのフェミニズムに関わるある記述を、「フ ェミニズム軽視」として批判的に取り上げています(同上 pp25- 26、p31)。一方で、『村に火をつけ白痴になれ』の文庫版(岩波 現代文庫2020)で解説を書いたブレイディみかこさんは、栗原さ んのこの本が、リベラルな女性たちに響いて「熱狂させた」と 見ていて(p248)、そして、「彼は、この作品の中で自分の男を 壊そうとしたのだ。だからこそ本作には、あのすえたマチズモ 臭がしない」(p256)としています。ぼくは、栗原さんの本を読む と、強烈に惹き付けられては、ムリかも…となるような、その連 続です。それから、栗原さんのあの語り口、〈キャンプ〉な匂い がしますが、どれが〈キャンプ〉でどれが失敗した〈キャンプ〉な のかもはや…というのが実感です。とにかく、なんだかすごい はすごいです。
- 19 同上 pp28-29。
- 20 松村〈2021〉、pp192-93。松村さんが参照しているのは藤原 辰史『縁食論』(ミシマ社2021)。その第5章に「「もれ」について ―「直耕」としての食」という項目があって、安藤昌益の「もれ」 がポジティブに読み込まれています。
- 21 じゅにあさんは、生徒部主任がよく使う言い回しをわざと使っ てます。

第6章

挑発的ダイバーシティのために実践を読み直してみる

1 〈──Get used to it!〉な？実践

　繰り返しになってもいいと思って言いますが、日本の学校の潜在的欲望は「そこにいる生徒全員分かりやすい日本人、全員健常者、そして全員見た目どおりの異性愛者、男子らしい男子、女子らしい女子、両親がいる家庭、なんだかんだみんな学校は好きで、行事も楽しみな生徒たち…」という感じなんだと思います。そうして成り立ってきたのが「マジョリティ仕様の学校」であって、それでこそいろいろ話が早いわけです。で、そこに楔を入れていくのがスクール・ダイバーシティの仕事、もちろんめんどくさい仕事だし、脱力されて陳腐化されたままの「ダイバーシティ」では厳しそうですが、でもそのとき例えば、このチャントの気分と論理はダイバーシティ・ワーカーに力を与えてくれるような気がするわけです。

　We're here, We're queer, Get used to it!

161

自分たちはここにいる、そう、自分たちは変態でヘンテ
コだけどここにいる——っていうことに、いいかげん慣れ
ろよ!! この繊細でいて、同時にふてぶてしい感じ、なんて
頼もしいんだろう、と思うし、ここに漂うある種の毒気に
あてられて、誰かの世界の見え方が変わるとしたら、とい
う想像は心地よいです。このチャントと親和するような実
践とは、マイノリティも、「違う誰か」も、「変な誰か」も、つ
ねに、すでにいる、あなたたちの世界に、あなたたちの隣
に、あなたたち自身のなかに、あなたたちがそれをどう思
おうと——ということを突き付けるような実践になるかと
思います。

①「朝礼ハイジャック」(2016年度)

　自分たちは、すでに、つねに、ここに——という意味では、
なんといってもこれかなと。2016年11月半ば、dunch常
連の生徒たちが8組のペアを作って高校全24クラスの朝
礼をハイジャック、「『多様性と平等についての宣言』を生
徒手帳に載せるべきだ！」というトークをやりました。ふだ
んは、モニター越し、そうでなければ、ペーパーを通じて
しか存在しないスクール・ダイバーシティが、教室に現れ
て目の前でめんどくさいことを語りかけるという、有無を
言わせないような設定、強制したりされたりのないことを
大切にするスクール・ダイバーシティによるあえての確信
犯的な設定でした。そして、このとき“——Get used to
it!"の対象だったのは、目の前の生徒、担任だけではあ
りません。この企画を提示された時点で、学校そのものが
〈——Get used to it!〉と呼びかけられたのだと、ぼくは

考えています。ここでは、当日のトークの一部を載せます。教室の空気感を想像しつつ見てもらえればと思います。

A 今日は、この宣言を生徒手帳に載せたい、というか、載せるべきだ！ ということでやって来ました。…で、さっそくなんですが、知ってる？「宣言を生徒手帳に載せることが、何か大きな力で阻まれてる！」っていうの。
B いや（笑）、さすがにそんな陰謀はないでしょう。でも、この宣言について学校の反応鈍いっていうのは、あるよね、たしかに。

という入りで、まあ、なかなか空気は動かないわけですが、この人たちはいったい何をしゃべるんだろう――という緊迫感があったのは確かだと思います。ぼくは教室の外から様子を見ていました。このあと、「宣言」の内容をあらためて共有して、こう続けます。

A まあ、ここでちょっと想像してみたいと思います。例えば、人に言いにくい何かを抱えてて困ってる新入生がいて、「高校だったら」、とも思ってるけど、すでに「あきらめ」入ってて、「居心地の悪い日々」を覚悟しはじめてる。
B そういうことを考えてる入学式の時に、「どうせ3年間、いや長いな、3年間…大丈夫か、自分」――という感じの生徒が、なんとなく生徒手帳をペラペラやっている、という状況ね。
A このとき「宣言がない成蹊」だったらどう？ ペラ、「正しい制服の着方」（笑）、ペラ、「生徒心得」（…）、ペラ、

挑発的ダイバーシティのために実践を読み直してみる

163

「心力歌」(なにこれ?)、校歌(「おお、成蹊」は覚えた)。
B 手帳を閉じます。そして2度とそれを手に取ることはありませんでした——だいたいこんな感じでしょう。で、3年間ですよ。
A じゃあ「宣言」があるとどうか。ペラ、「宣言」が目に入る、ふーん、「多様性」ねえ、なんかキレイゴトだけど、でも、ないよりは絶対いいな。…いや、これって自分にも当てはまるかも…。

　朝イチで知らないクラスの朝礼に現れて、なんだか正義なことをしゃべる——この悪目立ち必至のリスキーなミッションを、あのときのメンバーはそれぞれやり切りました。というか、よくこんなプロジェクトを思い付いたなと、まずは、そこですよね。分かってて出る杭になるというようなノリというか、とにかく本当によくやったなと思います。
　さて、この「新入生」、何かのマイノリティなんだと思いますが、でも、誰だって、例えばちょっとしたケガでも、簡単に「マジョリティ仕様」の学校に対応できなくなってしまう。つまり、「多様性仕様」の学校をイメージするこの「宣言」は、潜在的には誰にとってもポジティブなはずなのです——というのが、スクリプトの主旨になりますが、今思うと、内容よりも、「朝礼ハイジャック」という、このスタイル自体がポイントでした。この企画の判断を迫られた学校にとっても、メンバーが唐突に目の前に現れるという状況に置かれた生徒たちにとっても、こういうことだったのだと思います。——スクール・ダイバーシティも、スクール・ダイバーシティが扱うテーマもリアルだから、いいかげん慣れろよ。

②「ダイバーシティ週間」(2023年度)

　ぼくは、何かにつけてうんざりしない、うんざりさせない、ということは大切だと思っていて、だから、1週間？ 毎日ダイバーシティ？ というタイプのイベントは実のところ、あまり考えていなかった、というか、かなりめんどくさいと思っていたのですが、「制服フリーデー」が流れてしまったということもあって、以前からやってみては？というスタンスだった生徒部主任は大丈夫そうだし、dunchの生徒たちはおもしろそうにしていたり、こともなげだったりという感じで、自身、ふだんから「めんどくさいことをやろう──」と言っていたこともあって、じゃあ、やってみる？ くらいの感じで話に乗りました。そして、やるからには、〈──Get used to it!〉なイベントにしなければならない、というか、そんなイベントにするしかない、ということは分かっていました。なにしろ1週間、毎日ダイバーシティですから。

　まずは、生徒部に提出した「企画書」ですが、そこにはすでに、穏やかではあるものの、〈──Get used to it!〉の発想が示されています。ダイバーシティな実践とは「あたりまえ過ぎて見えなくなっているような日々のあたりまえを疑うこと」であって、そのためには、ということで、こう続きます。

「頭の使い方というか、ある種の技術みたいなものが必要で、だから、ダイバーシティないろいろにたくさんに触れて〈ダイバーシティな世界の見方〉、〈ダイバーシティな自分の見方〉に慣れていく必要があると思うのです。」

　短期集中的に、あらためてダイバーシティないろいろに触れて、一気にアップデート──つまり、もっと〈Get used

165

to it!〉というわけです。

　こんな感じの主旨にコンテンツと日程をつけた「企画書」を生徒部に提出、検討してもらって、それなりに「どうなんですかねえ」みたいになります。とにかく、朝礼を週ごとにハイジャックしてしまうというのは前代未聞で、もちろん小さくないし、何を言い出すか分からないところがあるグループに1週間？　昼休みも放映？　大丈夫なの？ ということで、みなさん何かしら懸念があるわけです。それでも、朝礼トークは教員中心、昼休みの「ラジオ・ダイバーシティ」(公開dunch)は事前収録という線でまとまり、TV朝礼で告知です(2023年11月16日)。まずは、日程、コンテンツ、そして、ゲリラニッティングとレインボーフラッグが校内の景観を変えるよということも伝えて、で、ここからです、ポイントは。

ゲリラニッティングの様子。左が昇降口、右は職員室。

　A ——というわけで、来週は、おそらく大多数のみなさんにとっては、違和感のある、なんだか落ち着かない

景観の中で、あまりなじみのない考え方に触れる毎日、ということになると思います。

B もちろん、困惑する人もいると思います。でも、その「違和感」——「ここは自分の場所ではない」「ここの"あたりまえ"は自分とは合わない」という居心地の悪さこそ、大多数用に作られた社会＝マジョリティ仕様の社会のなかで、さまざまなマイノリティが毎日感じていることかもしれません。

A 違和感を持ったり、思いがけず共感できたり——という経験をたくさんの人にしてもらえたら、それはすごくダイバーシティな経験だと思います。

B 廊下にレインボーフラッグがはためいて、いろんな所にビミョーなゲリラニッティングがあって、で、あたりまえを動揺させるようなトーク！——こんな学校、他にはないと思います◉1。

〈——Get used to it!〉をていねいに、それはどういうことなのかを伝えようとしたトークで、悪くないと思いますが、どうでしょう。「すごくよかった」との反応が、dunch常連の教員からはすぐにありましたけど笑。とにかく、このトークに限らず、「学校はマジョリティ仕様」ということをていねいに言語化することはやはり大切だと思います。今回もこの告知に先だって「景観が損なわれるからゲリラニッティングやめてほしい」という声があったし、イベント終了後にも、HR棟がレインボーフラッグだらけはやりすぎだし、多様性を強制されたくないという声も寄せられました。その当人たちがどんな形で社会を生きている人なのかは分かりませんが、それを「マジョリティがダイバーシ

ティな時空の中で感じる居心地の悪さ」の表明だと受け取るのはまあ妥当かなと。というわけで、「期間限定なんだからさ、居心地の悪さを味わってみようよ、居心地悪いのが日常の誰かたちの気持ちが分かるのは悪くないでしょ」的なメッセージは〈――Get used to it!〉なイベントにはつねに必要みたいです。

　さて、あらためてコンテンツですが、ここではTV朝礼トークにフォーカスしたいと思います●2。

● 「ryuchell（りゅうちぇる）と"らしさの呪い"」 11月20日㈪　TV朝礼トーク①

　この週、朝礼は進行もトーク用のスライドもすべて今回のチームの高校生たちです●3。初日、11月20日㈪は、生徒部主任によるスタートの言葉のあと、トーク2本でした。

　1本目は、ぼくのトークで、「ryuchell（りゅうちぇる）と"らしさの呪い"」。2023年夏に亡くなってしまったryuchellは、ダイバーシティな活動にとっては太陽みたいな人だったと思います。ryuchellを追い込んだ「らしさの呪い」を呪い返してやるくらいの気持ちでしゃべりました。少しだけ引用させてください。

　　ryuchellは子供のころから、「あたりまえ」や「らしさ」にハマらなくて、それで苦労したみたいなんですけど、でも、そんな、「"らしさ"にハマらない自分」を表現する楽しさを発信するようになるんですよね――写真（当日のスライドより）――「かわいいものが大好きなカラフルな男の子」だったり、「男の子でも女の子でもあるようなおしゃれ人間」だったり、「誰も見たこ

りゅうちぇるを忘れない

とのないような家族」を目指す、そして、「絵に描いたような女の子」としてのryuchellとか。

つまり、「こんなふうにはみ出していくのもありなんだよ」――って、多様性を全肯定してくれて、明るくて、穏やかで、楽しそうで、めちゃめちゃ賢い。

で、それに甘えてしまった、結局、ryuchellにすべて背負わせてしまったっていう、すごい後悔があります。だから、自分たちでやれることをもっともっと――って思ったし、なによりも、ryuchellを追い込んだ「あたりまえ」や「らしさ」――「呪い」みたいなものだと思うんですけど、そんな「呪い」を、やっぱり放置できない、そんなふうに思いました。

ということで、「あたりまえ」や「らしさ」にフォーカスしますが、まずは、こういうみなさん――「あたりまえ」や「らしさ」を、特に意識しなくても「問題なく」やっていける大多数のみなさんのことですが、そんな幸運な人たちには、この「ダイバーシティ週間」で示される、「いつもとは違う"あたりまえ"」にちゃんと困惑してほしい。そこからかなと、思います。

一方で、「呪い」に苦しんでる人たちには、「自分を」、ではなく、「あたりまえ」や「らしさ」の方を疑ってほしいし、柔軟で寛容な「あたりまえ」や「らしさ」はありうるのだ――っていうことを実感してほしいです。
　…で、同時に、「自分の中の"あたりまえ"ではない自分」、「"らしさ"からはみ出してしまう自分」、いると思うんですよ、自分の中に。それを大切にする、むしろ、そんな「はみ出していく自分」をこそ誇らしく思えたりするとナイスかなと。

●「アンチ・レイシスト宣言」11月20日㈪TV朝礼トーク②
　初日2本目はdunchはじめ、スクール・ダイバーシティの様々な場面に顔を出してくれる世界史教員のSさんで、「アンチ・レイシスト宣言」。あのケンディの『アンチ・レイシストになるためには』(イントロダクション参照)をふまえたストレートな宣言で、「いつもとは違う1週間」を予感させたと思います。

　　…差別は私たちの身近にあり、しかも一回無くせばいい、というものではありません。差別は「つねにすでに」起こっているのです。だから差別を無くそうとするのであれば、私たちはつねに差別に反対しつづけなければならないのです。ここにおいて、差別から距離をとること、差別に無関心であること、そして「差別に中立であろうとすること」、これは、差別を放置し強化することになります。
　　…差別とはなんなのでしょうか？ この疑問が浮かんだ時点で、あなたは「差別をする側」にいるのです。

差別は、差別をする側からは見えません。しかし差別される人のアイデンティティは壊され、殺されるのです。差別は人をバカにするだけではなく、人を殺すのです。残念ながら、歴史がこれを証明しています。そして、この殺す力を温存してしまうのが「差別が見えない人たち、マジョリティ」なのです。差別は、そんな「力」が生み出す問題なのです。

…私たちは、つねに人を殺す力を持っているのです。だから、つねに「これは差別ではないか？」と疑って、差別を取り除きつづけなければなりません。私も偉そうにこんなことを言っていますが、なかなか難しいことです、しかしだからこそ宣言する必要があります。私たちは、絶対に差別には反対ですし、反対しつづける、と。

　わたしたちの「ダイバーシティ週間」はこんなトークからスタートしました。明るくてカジュアルで、楽しげに見える世界とヘヴィで逃げ場のない世界はつねに紙一重なのです。

●「歴史の中の"らしさ"」　11月21日㈫TV朝礼トーク

　2日目のトークはdunch常連教員たちです。「歴史の中の"らしさ"」ということで、日本史のSさん、世界史のSさんと、ぼくの3人でしゃべりました。超ダイジェストで。

　——ひとつは、「らしさ」に縛られなくてもいいんだよ、大丈夫、例えば「男らしさ」に絞っても、歴史の中でその理想は大きく変化してるし、韓国男性アイドルたちの洗練

171

されたメイク姿を見れば、今もその変化は続いている。だから、「らしさ」を「呪い」のように怖がらなくても大丈夫だよ、という話。もうひとつは、アジア太平洋戦争中、戦争遂行のために都合よく作られようとした「女性らしさ」。「贅沢は敵だ」、モンペにすっぴんで銃後を支える女たち、パーマなんかもってのほか。でも、それでもこんな女性たちは案外たくさんいた──「石を投げられてもパーマをかけたい」。

　ぼくはここに「装い」が持つ底力、「らしさ」を打ち破る個の力みたいなものを感じます。そして、そんなふうにこの事例にポジティブな何かを感じているというニュアンスが放映されたことも、悪くない、というか、すごくよかったかなと。ぼくたちはたしかに楽しそうだったと思います●4。
　毎週水曜は校長主催の朝礼ですが、11月22日㈬については「ダイバーシティ週間」にちなんだ話をということでお願いし、日本の歴史的な成り立ちの多様性についてトークしてもらいました。翌23日㈭は休日（ホント、これでひと息つけました）。

●「ルッキズムについて」　11月24日㈮TV朝礼トーク
　そして、迎えた24日㈮は生徒たちが作ったトーク、「ルッキズムについて」。これは、インパクトあったと思います。学校としては、染髪もメイクもアクセサリーもダメです●5。ただ、そのチェックを生徒一人ひとりに対して行うようなことはありませんし、問答無用みたいな指導も行われていません（たぶん）が、それでも、窮屈に感じている生徒はたくさんいるということでしょう、「もやもや／わがまま」を

募集すると「装い」関連は少なくありません。そんななか「メイクをしたい」という声にフォーカスしたのがこのときのトークです。スクリプト原案もスライドもスピーカーも、スクール・ダイバーシティのなかに立ち上げたルッキズムチーム（高2のIさん、Hさん、Yさん）。以下、ダイジェストです。

　人間の価値を測るうえで「外見」を最も重要な要素とするルッキズム。SNSで、登下校の車両広告で、学校で、家で──高校生たちは、社会からもメディアからも学校からも保護者からも「見た目の正解」、それは「ルッキズム×らしさの呪い」という感じだと思いますが、さまざまな観点から「正解」を押し付けられていて、不安と困惑の中を生きている──。で、こう続きます。

A そして、そんな「正解」から「自分の心」を守る方法のひとつとして「メイクという選択肢」があります。学校という空間では、どうしても「メイク」はネガティブなイメージになります。「自分を派手に飾り立てたい生徒」がやること？──という感じだと思いますが、ここからは、「ルッキズムという社会問題」を考えるという観点からメイクについて考えたいと思います。

B 世の中には「メイクをすることで、本当にギリギリ、ようやく自分の心を保てる」──「メイクは自分を守る鎧だ」と感じている人がたくさんいます。つまり、現代社会における「メイクをしたい気持ち」は、「自分を派手に飾りたい気持ち」というよりも、「見た目の不安から自分の心を守りたい気持ち」の表れなのだと思います。

挑発的ダイバーシティのために実践を読み直してみる

173

C そして、近年の社会学や社会心理学では、これこそ
が、ルッキズムが社会に振るう力なのだ——と考えら
れています。「見た目を正解に合わせなければ」生活
できないと誰かに思わせるような、そんな社会的空
気を構築しているのがルッキズムだということです。

彼らはこの部分をこうまとめます。——「わたしたちは、
見た目の不安を煽られ、困惑し、不安を感じながら日々
を過ごしているような気がするのです。」
　このあとトークは、「正解」を押し付け合わない社会、
「らしさ」を押し付け合わない社会の可能性を、自分たち
の海外経験(アメリカ、カナダの学校)に見いだし、自分の外
見をジャッジされない心地よさ、外見を気にせずに過ごせ
る心地よさを感じることができる社会は、ダイバーシティ
な社会なのでは——とすると同時に、見た目をコントロー
ルするスキルでもあるメイクの禁止によって、「自分では
変えられない素のまんまの自分」をジャッジされることに
なり、それは本当に苦しいことなのだと訴えました●6。
　わたしたちは、「メイクしたい気持ち」に、自分を飾り立
てて目立ちたい、というよりも、むしろ、悪目立ちしなくて
すむように、そのためにこそメイクをしたいという感性や、
誰かに見せるというよりも、自分で自分を肯定したい、自
分で自分をエンパワーしたいという感性を見いだしたわ
けです。学校の「身だしなみ指導」が見落としてきた、あ
るいはスルーしてきた観点から「メイク」を論じたこのト
ーク、これはちょっとおもしろいですよね、学校側の「身だ
しなみ指導」は、これにどう応えるのか、ということになる
でしょう。このとき3人の生徒はスクール・ダイバーシティ

174

を代表して、全校生徒・教員の前に立って、学校が示すそれとは異なる「装い」についての考え方を示したわけですから。

　生徒、教員問わず、マジョリティ仕様にくつろいでいる誰かたちにとってキルジョイであり、ポリスであって、なんだかちょっとイラっとさせるばかりのスクール・ダイバーシティの声が、生徒たちから歓迎されそうだという点もちょっとおもしろいです。思い切りよくはみ出してみた3人は、放送のあと、クラスメイトや友だちからポジティブな反応を受け取ったということで、それもよかったし、何よりも、「わがまま」に見えるいろいろや自分だけの「もやもや」に思えてしまう何かが、「意見」や「提案」になりうるのだ、という感触が広く共有されるかもしれないというのが、ナイスです。

　いずれにしても、この朝礼トークは、学校とは最も相性の悪いテーマのひとつとも言えそうな「メイク」、そのルールについてちゃんと話し合いましょうよ、という提案、「学校のルール」を学校だけでなく、生徒と学校が対話を通じて見直していく、作っていくという、「ルールメイキング」の試みを成蹊でもという議論につながるものでもありました。そこは「ルールはルール」が通用しない時空になります。そのためのケーススタディとして「メイク禁止／解禁」をめぐる対話を、というわけです。

「メイク禁止／解禁」は「ルッキズム」という社会問題とも、フェミニズムの動向、自己表現、ジェンダー表現の多様性という問題とも密接不可分だと思われ、スクール・ダイバーシティが提案するケーススタディのテーマとしてぴったりだし、張り巡らせたアンテナの繊細さと、「ダイバー

175

シティ週間」の朝礼で表明するという、すすんで出る杭になっていく、めんどくさいことにこそ首を突っ込んでいく感じは、スクール・ダイバーシティの存在とそのコンテンツをあらためて印象付けるに十分だったと思っています——〈Get used to it!〉な感じだったかなと。

このイベントの最後、11月25日㈯TV朝礼で、ぼくは再びトークさせてもらいました。ダイバーシティ週間は終わるけど、ダイバーシティの活動はぜんぜん終わらない、「らしさの呪い」と「ルッキズム」は手を取り合って猛威を振るってるし、学校中バリアだらけだし、差別をしなければいいんでしょ？ くらいに思ってる人ばかりに見えるし、もうやることはいくらでもあるのだ、という話をして、仲間を募ったわけですが、要するにこういうことです。めんどくさいことをやろう、めんどくさいやつになろう、「スクール・ダイバーシティする」っていうのはそういうことだよ。

② 〈キャンプ〉な？実践

① 2015文化祭「女装・男装・ジェンダーレス装　写真コレクション」

活動が拡大、加速する大きな契機のひとつでもあり、大盛況だった数少ないイベントのひとつとなったこの企画は、かなりの〈キャンプ〉だったし、「狙った〈キャンプ〉」として、もっといけたかなと、そんなふうに思います。

● こんな事態は避けたいけど
わたしたちの学校の文化祭には「異性装禁止」という

ルールがありました。それはこんな状況が文化祭のイベントステージで展開されることを心配していたからです。東京の某名門大学の2015年度新歓イベントの様子、その絶望的な盛り上がり？を新入生として見ていたわたしたちの卒業生がレポートしてくれました。

「大学の新歓イベントの体育祭で、クラスごとの仮装競争がありました。…エンターテイメント性重視で踊ったり、寸劇をやったりが中心なのですが、それが、男子のヘタな女装（ともはや呼んでいいのかすら…）がオンパレードで、正直不快でした。あれが”女子”ならバカにされてるとしか思えません。…コスプレセーラー服やナース服の寸劇でひたすら”まじぃ〜？”、”うけるぅ〜”、を連発してたり、スク水で踊ってるところもありました（ルールなしだとホントにやる人がいるんだ！と愕然）。オチ？も女装した男子同士がキスして終わり、みたいなのがあまりに多かったです。そして、女子の男装はありませんでした。悪意はないのかもしれませんが、逆にその無神経さが残念です。笑ってる人もいましたが、周りを見回しても（女子は特に）みんな顔が引きつっていました」●7

ということで、目も当てられないようなこんな事態を、学校として未然に防ごうとするのはもっともでしょう。でも、それでも、「異性装禁止」には何かしら受け入れ難いもの、多様性とは相いれない何かを感じていました。で、そのもやもやを形にして生徒、学校に示すのはスクール・ダイバーシティの仕事だろうということで、2015年春、ぼくのところに持ち込まれた「異性装コンテスト」の企画をスクー

ル・ダイバーシティが引き取って、生徒部を説得すること
になりました。このあたりの経緯についてはちょっと説明
を加えておきたいと思います。

●「ダイバーシティ出しとけば通るんじゃね?」というタイミング

　この企画、もともとはスクール・ダイバーシティのもので
はなくて、「異性装」で盛り上がりたい生徒たちが、スク
ール・ダイバーシティにかこつけてやってやろうみたいなノ
リ、「取ってつけたようなダイバーシティ」感が漂うもので
したが、ぼくには、「ダイバーシティ出しとけば通るんじゃ
ね?」的な、その勘の良さや、学校を出し抜いてやろうと
いうふてぶてしさがちょっと頼もしかったし、めんどくさく
もおもしろくて、いっしょにやれたらいいなと思えたのです。
発案者の生徒が2人で昼休みにやってきて、ひとしきり企
画についてしゃべって、うーん、ダメかもだけど、やってみ
る? という感じでした。で、結果、この企画ごとその中心
メンバーの何人かがスクール・ダイバーシティに参加する
ことになりました。「ちょっと外れてる? 浮いてる? そこが
いいんだよ」みたいな感性を共有できそうなメンバー、学
校的権威やあたりまえに対するある種の共犯意識みたい
なものでしょうか、そういった感性を共有できそうなメン
バーが一気に増えてスタートしたこの企画は、だから、そ
の動き出しからして、すでに〈キャンプ〉な可能性があった
のだと思います。

　さて、学校による禁を解かなくては進まないこの「異性
装」企画ですが、打ち出したコンセプトとしては、ジェンダ
ーやセクシュアリティの多様性を認め合うきっかけを提

供するということで、例えば、ポスターなどで、こんなふう
に呼びかけを掲げました。

　　自分のなかの「男性－女性」をあえて問い直してみよ
　　う、よく知ってる誰かの「男性－女性」をあえて問い
　　直してみよう、自分は100％の女／男？　あの人は100
　　％の女／男？

　さらに、「異性装」を学校のような場で禁止することは、
それを必要とする誰かたちの存在を公的空間において否
定することを意味するわけで、それはダメでしょ──という
ことも合わせて主張し、そうして、「文化祭における異性
装禁止」ルールは、意外にもあっけなく解かれることにな
りました。
　生徒部のミーティングでも、懸念の声は上がっても明
確な反対の声は上がらなかったように記憶しています。生
徒たちの「ダイバーシティ出しとけば通るんじゃね？」的な
目論見は当たったということで。生徒部主任はめんどくさ
い生徒たちの相手をしつつ、教員たちとの間に立ってい
ろいろ気をもんだと思います。すみません。それにしても
──と思うのは、おそらく、この文章を書いている今（2024
年）の方が、いろいろな懸念はもちろん反対意見も出ただ
ろうな、という感触です。この2015年度文化祭というのは、
冒頭の川柳「食べ物の　名前じゃないよ　ダイバーシテ
ィ」が発表されるさらに1年前です。つまり、ようやく「ダイ
バーシティ」というワードが世に出回り始めたくらいで、つ
まり、そのワードがまだフレッシュで、誰もが簡単に異を
唱えられるようなありふれた概念ではなかったということ

です。どちらに転ぶか分からないような何かを前に、身構えるしかないような。でも、今は違います。そのワードは広く浸透しつつあり、同時に、誰でも簡単に異を唱えたり、揶揄することだってできる程度にありふれている、つまり、陳腐化も進行しているというわけです。

●「異性装禁止」を〈キャンプ〉する

　いずれにしても、「異性装禁止」の問題点については、スクール・ダイバーシティとして、もう少しいろいろ言えたよなあ、という残念な気持ちがあります。例えば、「性表現（Gender Expression）」というワード、観点、概念を入れるとよりスッキリしたと思いますが、2015年、それはわたしたちにとってなじみの概念にはなっていませんでした。「異性装禁止」は「男らしさ」「女らしさ」といった性表現のステレオタイプを結果的に肯定、その境界を凍結するものですよね、この点からもはっきりとしたダメ出しが必要だったと思います。それから、例の名門大学新歓のバカ騒ぎがなぜダメなのかについても、より突っ込んだ発言ができたと思っています。「異性装自体をネタにするような、異性装自体をからかうような異性装には、アイデンティティを構成するために異性装を必要とする人たちがいるという想像力がまったく欠如してるし、のみならず、それは"らしさからの逸脱"を、笑いの対象にするというやり方で否定するわけで、そんなものを受け入れることは、到底できません」──という感じでしょうか。

　さらに言えば、あの「レポート」にもあるように、「異性装」といっても実際には男子学生による「笑える女装」競争であって、これ、実のところ、「男たるものバカのひとつも

できなくてどうする」的な「男らしさ競争」なのではないでしょうか。で、そのとき、都合よく貶められているのが「女子」なのです。逆のパターン、つまり、この意味での「女子による男装」ってあるでしょうか？

　ということで、たんに「下品なバカ騒ぎ」ということだけではなく、ダイバーシティな観点から言っても、重ね重ねダメなわけです。でも、こんなダメダメな「異性装」だけど、「禁止」してしまうのもダメで、それどころか、同じダイバーシティな観点からやる意義があるのだ、ということでこの企画はすすめられる――だから、たいへんめんどくさいわけです。でも、こういう、なんというか、思考を大きく揺さぶるような話を、だからこそおもしろがるのがスクール・ダイバーシティなのだ、ということももっともっとアピールするべきでした。シンプルに楽しめばいいじゃん、という声にしっかりと抗って、めんどくさいことにばかり首を突っ込んでいく感じは、〈キャンプ〉と親和すると思うからです。

　わたしたちの異性装は、たしかに、全力の異性装でした。丸2日間、何十人という参加者とスタッフで夏休みの校舎3階を借りきって、スタイリストやメイク係も生徒の中から用意して、女子も男子もそのどちらとも言えない、言いたくない誰かも、夢中で装い、らしさと格闘する、そんな時間を共有しました。学校という社会的権威を出し抜いて、ダイバーシティな異性装を全力でふざけるという点において、このイベント全体が〈キャンプ〉だったと思います。だからこそですよね、この企画のこんな〈キャンプ〉なところを、もっともっと宣伝できれば、という悔いが残ります。「ダイバーシティな異性装」は、ジェンダーの越境を笑う

ための異性装でも、実質「男らしさ競争」な「異性装＝女装」でもない異性装、「性表現」の可能性を探り、あわよくば自分や誰かの中に多様なセクシュアリティの可能性を認め合い、あたりまえの「らしさ」から自他を解放するための異性装であると同時に、そんな理屈を重ねることで学校を出し抜いて、存分に異性装で盛り上がるような異性装でした●8。

②「東京オンリーピック：シングルスたちの遊戯」──「ひとり」を全面的に肯定してみる

　2018年冬、「ラジオ・ダイバーシティ」という企画を立ち上げて、15分くらいの番組を2本作って、昼休みに全校放送しました。いろいろ〈キャンプ〉だったと思います。ポイントは、繊細でときに学校が歓迎しそうにないテーマを学校のシステムを通じてやってやるというスタイル、学校で大まじめにふざけるというスタンスだったと思いますが、この「ラジオ」については、個々のコンテンツ自体すごくおもしろくて、それ自体で〈キャンプ〉を構成していたかなと。その意味で、再現性はぜんぜん高くないのですが、最後にそんな事例をあげたいと思います。ひと言で言って、楽しかったからです。ちなみに5人の教員もいろいろな形で参加してくれました。

　それで、実現までの道のりですが、あまり覚えてないんですよね、この企画については。というのもラジオをやる設備はもちろん、そもそも「昼休みの放送」という習慣そのものがわたしたちの学校にはありませんでしたから、連絡用の放送設備に複数のマイクをつなげてもらったりする一方で、生徒部に企画を提出、プレゼン、同時にdunch

では、みんなでネタを持ち寄って、シナリオ化も、ということで、いろいろたいへんだったと思うのですが、夢を見ていたような、とホントそういう感じだったからです。

　以下、スクール・ダイバーシティ制作の2本の番組のうちのひとつ、「東京オンリーピック：シングルスたちの遊戯」を紹介、そこに〈キャンプ〉な可能性をあらためて探ります●9。

　まずは、この「シングルス」というワードについて。それは「シングルたち」がバラバラのままでいることを大切にします。例えば、「クラスの陽キャ」が象徴する何か、「シングル（ひとり）」をネガティブ化したがるような、それを「ぼっち」として他者化するような空気感と「シングル」のまま対峙する「シングルたち」がここでの「シングルス」という感じでしょうか●10。

　オープニングは、Red Hot Chili Peppers「Can't Stop」のあのイントロ、圧倒的盛り上がりの直前からフェードアウトして脱力トーク、というギャップがすごいです。進行役と実況はそれぞれ生徒、予選を勝ち抜いた入賞者たちがそれぞれシングルスな遊戯をしゃべり（教員の遊戯も3つが入賞）、審査員の生徒2名と教員1名が判定します。

　司会Sさんのトークを借りて、ルールとコンセプトを。

　　シンプルに言えば、これは1人ぼっちだからこそ得られる楽しさを競う競技です。開催の狙いは大きく2つ。ひとつは、"ぼっち"を回避しなくちゃいけないというプレッシャーを、"ぼっち"だからこそできるおもしろいことでツバメ返しにしてしまおうという意図…。

183

繊細さをベースとするこのマイナー感と先回り感、まさにスクール・ダイバーシティという感じで、気に入ってます。

　　　…そしてもうひとつ。それぞれの人が1人のときにやっている"変なこと"の中身を知る事で、冷ややかな"この人ヤバイ"を、暖かい笑いと少しの愛を含んだ"この人ヤバイ"に変えるというコンセプトです。

「この人ヤバイ」については、あらためて触れたいと思いますが、コンセプトがコンセプトなので、審査の基準というか、観点はこんな感じになります。

実況：楽しいのは本人だけでいいわけですね。
司会：そうです！ ポイントは、その本人の充実が伝わってくるかということです。だから、おもしろさが共感されないこともあるわけです。
実況：なんか、大丈夫ですかね（笑）。
司会：それがいいんですよ。

　さて、まずは〈表現自由形シングルス〉。予選を勝ち抜いたＹさん（教員）の遊戯です。生徒が作文やレポートを書いているときなど「ひとりで茫然としてしまう、そのギリギリのところで、…目に付いた現象2つを組み合わせてどれだけ面白いフレーズが作れるか！」──という、もう完全に脳内限定アクロバットです。例えば、茫然とするまさに寸前、教室でたまたま目にした2枚のプリント、物理のプリントと国語のプリントをくっつけてみるのです。これちょ

っとすごいと思うんですけど、どうでしょう。「ある物体を
ある壁に垂直に10^m/$_s$の速さでぶつけて8^m/$_s$の速さで
戻ってきたとき、メロスは激怒した」——「この瞬間も本
人は無表情なんですよね、ヤバイですねえ」という進行の
コメントも秀逸です。

つづいても教員、Mさんですが、自分で新しい言語を
作る(マジか…)、とのことでしゃべりはじめて「例えば、わ
たしのなかでは、クマはポポ、羊はトパティ、っていう感じ
で、音を勝手に作って…」と、このあたりまでしゃべったと
ころで、あとは自分で笑い出して、止まらなくなってしまい
ましたが、司会がこんなふうに引き取ってます。「…いやで
も、このオンリー感やばい！ 完成しても、誰とも話せない
んですよ？ やばくないですか？」

生徒からの決勝エントリーももちろんあります。Sさん
の遊戯で「一人ミュージカル」。なんなのかというと、もう
本当にそのまま文字通りです。「キャストとペンライト持っ
た観客をやって、たまに我に返ってそんな自分に笑う…」
ということで、圧倒的自己充実点を獲得し、「これ、ある
意味トライアスロンですよね…。危険な香りすらします」
というコメントをもらったSさんは、「今日も帰宅後はやっ
ぱり…」という振りに、「もちろんです！」ときっぱりでした。

集計の間には、匿名教員の、こんな、切実でリアルな
「ひとり」も紹介されました。「理不尽だったのに言い返せ
なかったこととかをお風呂で思い出して言い返して、スッ
キリする」。くやしいですよね、でも、一緒にではなくとも、

違うやり方であったとしても、仲間の「シングルス」はいて、やはり、ささやかに闘っているのです。

　後半は〈妄想自由形シングルス〉というくくりですが、とにかくすべて「自由形」で「シングルス」です。雰囲気はなんとなく共有出来たかなとも思うので、ひとつだけ紹介を重ねます。

「モテなさすぎて逆に、されるはずのない告白への面白い返事を考える」──というＳさん推奨のこの遊戯、巷の恋愛至上主義を突き放すような感じがすばらしいわけですが、さらに奥行きもありそうで、お気に入りの「返事」はこれだそうです。「それってどんな感情？」

　スクール・ダイバーシティのメンバーによる企画の中では、恋愛のパターンは限定されないし、恋愛のない世界も想定されるから、「ごめんおれゲイなんだ」みたいなベタなリアクションは、それだけでは、まったく箸にも棒にもかからない。だから、二周も三周も回って、ん？ってなっての「それってどんな感情？」──というわけで、これはとてもスクール・ダイバーシティな「返事」なのではないか、ぼくはそんなふうに考えて、とてもこれが気に入ってます。

「それぞれの人が１人のときにやっている"変なこと"の中身を知る事で、冷ややかな"この人ヤバイ"を、暖かい笑いと少しの愛を含んだ"この人ヤバイ"に変える」というこの企画のコンセプトについてあらためて。

「ひとり」を「ぼっち」という属性として記号化、「彼ら」と「わたしたち」を線引きして都合よく他者化したかと思うと、なんだか腫れ物みたいにして「配慮」したりというやり

方、これが「冷ややか」ベースの「この人ヤバイ」。一方で、「オンリーピック」の「この人ヤバイ」は、個々の「ひとり」つまり、「シングルス」毎の楽しみ方、その個別具体性を知ることで、その時々、その個々の距離感を属性によってではなく、それを「知った」当人が責任を持って判断した「この人ヤバイ」なのです。

　このコンセプト、悪くないですよね、でも、ここではまだ終わりません。個々の誰かについてその個別具体性を知る機会はあまりに限られていて、そこを通じてしか良くも悪くも判断できないとしたら「顔の見えない相手に対しての公正性」◉11をいったいどうすれば？──ということです。

　そこで、「オンリーピック」のコンセプトはさらに深みにはまって、こう続いていくのです。個別具体性を知って、そのうえで自分自身で「ヤバイ」を感覚するという経験を重ねた上での想像力と、そういう経験なしての想像力は同じではありえない。「顔の見えない」すべての誰かにもそれぞれ「個別具体的なおもしろい」があるに違いないという、この想像力のスイッチを作る、ここまでがオンリーピックのコンセプトかなと考えています◉12。

　それから、これも重要だと思うのですが、「暖かい笑いと少しの愛を含んだ」とは言っても、別に「この人ヤバイ」のその人と友達になることを目指すわけではありません。まあ、なってもいいのですが、シングル同士＝「シングルス」のまま距離があってぜんぜんかまわないのです。このあたりのニュアンスについては、先ほども少し触れましたが、番組の締めの部分でこんなふうに表現されています。

司会：参加者の「ヤバさ」が垣間見えまくりでしたね。

実況：おもしろかったです。こういうヘンテコさって、やっぱりいいなと思いました。ヤバそうなのもありましたけど。

実況：こういうことでおもしろがるのって、価値の序列みたいなのにメスを入れるし、いい意味での脱力感につながるんじゃないですかね。

司会：なんか、「ひとり」を肯定しきる力を与え合うっていうか…。だから「シングル」じゃなくて、「シングルス」っていうことが大事で。

実況：なるほど、「シングルス」で構成される感じの社会、いいんじゃないでしょうか。

司会：悪くないですね──ベタベタしないけど認め合うみたいな。

実況：というわけで、これからも、ひとりをやりきる、おもしろがる空気をいろいろなやり方で、お伝えしていければと思います。

　スクール・ダイバーシティに顔を出して、そこで常連になってめんどくさいことを考えては、発信する、しようとする、ときにはダイバーシティ・ポリスにもなるし、キルジョイなことだって言わないといけないけど、理不尽にピンときて、ちゃんと対峙できたり、それが例えちょっとした息苦しさからの、だったとしても、何かから解放されたりする実感は楽しいし、そんな日常はけっこうおもしろくもある──という、そんな「わたしたち」みたいな人間がたくさんいるわけがない、だから、まとまって大きな勢力に、とかではなく、うっすらと仲間の存在を感知しつつもシングルス。シングルスのまま何か突き刺さるようないろいろを繰り出してい

〈イメージ、そこでは、きっと〈キャンプ〉ないろいろが大きな力になるはずなのです[13]。

> むしろ「私たち」が「シングルス」である方が、「彼ら」にとっては怖いんだと思います。その方が、威力がある。オンリーピックの入賞作を読むとよく分かります[14]。…そして、この人たち、怖い！ って思いますよ。ひとりじゃないと、この鋭さはないです。…馴れ合わず、何の得にもならないことを、本人だけが面白がってやっている。間違いなくキャンプな試みでしたし、我々はシングルスをやり切らなければならないです。

この「シングルス」論のどこに向かって行くのか誰にも分からない感じ、なんとなくダイバーシティであって、そして〈キャンプ〉です[15]。

[1] 「企画書」もこのときの朝礼トークも原案は高3じゅにあさん、アレンジ久保田です。ちなみに職員室のゲリラニッティングに見えるオブジェは編み物作家横山さん（第3章「[2]」参照）の作品です。使わせていただきました。

[2] もうひとつのメインコンテンツは事前に収録した15分程度の動画、タイトルは以下の通り。
　＊①11/20㈪昼休　「SDってなんだ？ 前編」
　＊②11/21㈫昼休　「SDってなんだ？ 後編」
　＊③11/22㈬昼休　「だめだめHRを救え！」
　＊④11/24㈮昼休　「みんなのモヤモヤ／わがままをダイバーシティする！」
　原則、HR棟各学年公共スペースで放映、中には、教室のモニターで流してくれた担任もいたとのことで、ありがたかったです。動画①②は、卒業生で創設メンバーのひとりでもある濱田佳奈子さんに参加してもらってSD誕生の経緯、初期の活動など

改めて話しました。動画③はこの図像を見ていただければ、すぐにピンと来るのでは。

ショートフィルム「だめだめHR」、ここではこのセリフですよね、「重たいもの女子に運ばせんなよ。男子行け。」 こんな前時代的な「だめだめHR」を撮って、dunchメンバーで観て、みんなでつっこみを入れながら、じゃあどんなふうに対応すればダイバーシティ？っていう感じで、「あり」を探っていく、という企画。で、その全体を収録したものを放映するわけです。これは撮影もトークすごくおもしろかったし、ふざけた感じとシリアスな考察の往来は〈キャンプ〉だったとも思います。ただ、音声をうまく拾えなくて聞き取りにくいという技術的問題もあったし、昼休みに公共スペースでというスタイルもそうだし、視聴率的にはたいへん厳しかったです。まだまだ要工夫。

●3 とくに当時3年生のじゅにあさん。この「ダイバーシティ週間」はじゅにあさんの企画力、行動力に支えられました。

●4 さらにもうひとつネタがあって、これは時間取れなかったのですが、歴史を学ぶことは異質な他者と出会い続けることで、それはなんだか「解放感」を味わえるという話（日本史のSさん）です。異質な他者に出会って「身構える」のではなく、「解放感」！これおもしろそうなんですけど、あらためて時間を作ってと考えてます。ちなみに、トークに際して直接参照していたのはこんな本です。飯田未希『非国民な女たち』（中公選書2020年）、ジョージ・L・モッセ『男のイメージ』（作品社2005年）、Kam Louie, Theorizing Chinese Masculinity：Society and Gender in China, Cambridge UP, 2002.

●5 ただし、いわゆる校則（生徒手帳にある「生徒心得」）に明記されてはいません。そこにあるのは「清潔」「質素」のみです。「禁止

事項」については、年度初めに生徒部から全校生徒に向けて、
「禁止事項」のアナウンスがあります。

●6 「ルッキズムな一言」で深刻な傷を負う例として、容姿を気にし
すぎて起こる摂食障害、「自分の顔が嫌い」という「醜形恐怖
症」などにも触れました。

●7 この話はブログでも取り上げています。https://ameblo.jp/
sksd14/entry-12032592760.html

●8 イベント当日の様子を少し。会場はHR教室、写真のパネル展
示、撮影会時実施のアンケートと写真のスライドショーをベー
スに会場内でトークライブ。写真展示のコーナーは盛況。た
だ、男子生徒数人が「うわあ、これキモ」みたいに盛り上がる
場面も。どうしてジェンダー表現の境界を超えることが「キモ」
と感じられるの? なんでそんな反応を競うように見せ合うの?
──こんな課題を設定して、あらためて考えるというのも悪くな
いわけですが、まあ、でもあれはキルジョイすべきだったし、ポ
リスすべきタイミングでした。できませんでした。この類の瞬発
力、いったいどうすれば?ということはいつもテーマとしてあが
るし、文化祭トークライブのトピックにしたりもしてるんですが。
https://ameblo.jp/sksd14/entry-12769997506.html

●9 「オンリーピック」のネタのとりまとめとシナリオ作成は当時高
3の四ノ宮凜さん。今回、あらためてこのシナリオと放送を振り
返ってみてくれない?というお願いをしたところ、とてもおもしろ
い振り返りのメールをくれました。この項目については、四ノ宮
さんの「振り返りメール」をいろいろな形で参照します。ちなみ
にもうひとつの番組は「オタク(とスクールカースト)」。SDは、オ
タク差別とスクールカースト、価値の多様化の最先端といった
観点からオタクにはかなり注目してきました。このラジオはその
ひとつの到達点だったと思います。オタクの一般化と価値観
の多様化、本格派オタクが本気でしゃべって誰も分からない
んだけど、なんだか凄さは伝わるとか。ちなみにその放送のあ
と、トークしたオタクはクラスで話かけられたとのことです、ふ
だん話さない人から笑。成功ですよね。

●10 この「シングルス」という概念は、四ノ宮さんが「わたモテ」こと、
谷川ニコ『わたしがモテないのはどう考えてもお前らが悪い!』
(ガンガンコミックスONLINE、2011年−)から着想を得たとのこと。
あと、この「オンリーピック」の重要なモチーフになった動画とし
て、「WE ARE THE ひとり」(https://www.youtube.com/wa
tch?v=vQu5YEEyBTY)は外せません。しばらく忘れてましたが

「振り返りメール」で思い出させてもらいました。

● 11　「振り返りメール」にあった言い方をそのまま使わせてもらいました。

● 12　このコンセプトの後半部分は、「振り返りメール」を読んで、そうして、自分なりにも振り返ってみて、まとめたものです。放送当時、ぼく自身は、前半部分までしか考えていませんでした。

● 13　このあたり、「振り返りメール」に示唆を受けました。

● 14　「振り返りメール」が直に言及してるのは、教員Mさんの「自分オンリー語」や、同じくKさんの脳内サッカー。大好きなサッカー監督がいて、その監督がやりそうな試合のすべてを脳内でやりきる。細かいフリックから、トラップミスとか、終了間際、痛恨のハンドでPK取られたり、自分でもどっちが勝つのか最後まで分からない。逆転ゴールで泣きそうになることもあるとか笑。

● 15　「●9」にある「振り返りメール」からの引用です。

第7章

むすびにかえて
——「変な人」になろう

　例えそれが限られた時空であったとしても、というか、個々のダイバーシティ・ワーカーが対応すべき時空はつねに限られているわけですが、少なくともそこでは、相応のうれしさや楽しさ、恐ろしさを備えた「ダイバーシティ」を取り戻すことはできないだろうか、そして、そんな時空を想像するためのいろいろをダイバーシティ・ワーカーたちと共有できないだろうか、と思って書いたのがこの本です。イントロダクションで言ってることと、そんなにはズレてないと思います。いろいろな場所で、それぞれのダイバーシティ・ワークが楔のような役割を果たして、そうして、社会をマジョリティ仕様の社会から多様性仕様の社会へと変えていくきっかけのようになるといいかなと、そんなふうに思っています。

　最後も実践の紹介です。これ、先ほどの〈——Get used to it!〉のさらに先をいくと思うんですけど、どうでしょう？「変な人」はすでに、つねにいるから、いいかげん慣れろよ——の、さらにその先、「変な人」は最高だから、

みんな「変な人」になろう！ってちょっとすごいと思うんですけど。というわけで、2018年度文化祭トークライブ「変な人になろう！」◉1にフォーカスします。

　エンタメ作品の中では「変な人」が輝いてるよね？──スクール・ダイバーシティの活動を通じていろいろなエンタメ作品に触れるなかで、こんなことに気付きました。映画でも漫画でも、主人公や重要サブキャラが「変な人」というパターンはむしろ定番で、だから、本当はみんな「変な人」のことが大好きなはずなのです。違いますか？「変な人」が「変な人」のまんま、おもしろくて、愛すべきキャラになっている、トークでもいくつか事例をあげていますが、ここではそんな作品「わたモテ」こと、谷川ニコ『わたしがモテないのはどう考えてもお前らが悪い！』をあげておきます（引用はスクリプトから）。

　　ぼっち女子高生の苦〜い青春を描いているギャグマンガで、突き放した感じが、逆に効く作品。

　　"かわいそうなぼっち"じゃなくて、ちゃんとクズなところ（自意識過剰で性格悪い笑）が描かれていて、でも、それがおもしろくて、可愛げがあって、というふうに見えてくる。なんでだろ？

　　"ぼっち"性が誰の中にもあるからなんじゃないの？分からなきゃ笑えないじゃん。だから、あのおもしろさは"共感的苦笑"なんじゃないかな、珍獣を"上から"おもしろがるのとは違うような気がする。

どうでしょう、なんだかいい感じの何かとして描かれるのでも、「珍獣」としてあらたな「らしさ」に囲い込むのでもなくて、そのまんま描かれる「ぼっち」性や「コミュ障」性だからこその「共感的苦笑」という可能性。あのとき語られたのは、わあ、この「ぼっち」な感じ、この「コミュ障」なところ、自分じゃん──という安心感にも似た感覚ではなかったかと。

　誰にでも「ぼっち」性や「コミュ障」性があるという意味での事例として語られたこの話も気に入っています。

　　例えば、中途半端に知ってる人と帰りがいっしょになるときなんか、誰だって"きょどる"(挙動不審になる)よね。駅までの時間、すごいビミョーでしょ?。

　　むしろ初対面は楽かも。これっていうのは、相手も自分のことを全く知らない、つまり自分にレッテルのようなものを貼られていないからだよね。

　　"らしさ"を決められてるって思ってると、"自分がどう相手に思われているのか"を気にしちゃって"コミュ障"化、"ぼっち"化するんですよ。誰でもなりますよね、いる場所次第ですよ。

　　苦しそうですねえ。でも、それを自分でおもしろがれたらいろいろ変わるんじゃないかな。ちょうど"わたモテ"を読んでおもしろがれるみたいに、"自身の変"をおもしろがれるとしたら、それは"変"を飼い慣らしたということでしょ?

この流れで出てきたこんな話もちょっとおもしろいと思います。文化祭クラス展示で機械オタクが大活躍した話なんですが、こういうのって、クラスの空気をちょっと変える？　それとも、オタクが都合よく使われちゃってるの？　っていう議論は、こんなふうに展開、まとめられました。

　　こう考えればいいんじゃないかな、誰かに決められた「らしさ」、この場合は「あいつはコミュ障の機械オタク」っていう感じだと思うけど、それを逆手に取って、その「らしさ」を全開させてやるのだ！　っていう感じ。

　　おお！　こういうこと？　他に誰も出来ない機械仕事を、「オタクらしく」、「コミュ障らしく」、黙々と一気に片付けていく──みたいな。

　　そう！　つまり、さっきもちょっと出たけど、「自分の変」を引き受けて、それを逆手に取る、飼いならして武器にする！　これ、空気変えるし、カッコいいでしょ。

　このトークライブのハイライトは、井上涼さんの短編動画「バラバラルルル」●2。16年度のメンバーに教えてもらった作品です。
　もともと「東アジア文化都市2016」というイベント用に奈良県が井上さんに依頼して作ってもらった作品で（あ、だから鹿！）、テーマは「多様性」。で、参加国は、日本、中国、韓国って、もうはじめから簡単ではないし、この動画、やっぱりめんどくさいやつらの話です。たぶん『グリー』の

196

ことだと思いますが、「海外ドラマ」に影響を受けた主人
公（なの?）がコーラスチームを作って、練習して、舞台に
──っていうショートフィルムなんですけど、メンバーがた
いへんです。イタコ（自称）とか忍者（自称）とか、さらに鹿（ホ
ント）と自己チュー人間（ホント）! ──ということで「変」し
かいません。そして、主人公（たぶん）は、その混沌を何を
するでもなく、もちろんいろいろ困るわけですが、なんとな
くおもしろがっては、ただやり過ごしながらついに本番を
迎えるのです。つまり、この作品は、誰かの「変」を直した
り、克服するのでもないし、それをことさらにポジティブに
描くでもなくて、その「変」がたまたまシンクロした瞬間の、
おもしろさ、そうして浮かび上がる新しい世界の楽しさを
描き出すのです。舞台で歌った曲のこの歌詞、最高かと。

　遣隋使も遣唐使も求めていたよ
　自分とは違う誰か
　その誰かと歌うときを──

この部分を締めたトークもあげておきます。

　すばらしい! ここにピンとくる人たちとつながれたら
　いいなと思うよ。違うこと、超大事!

　まあ実際には、めんどくさいやつばっかりだと思うけ
　どね苦笑。

　いや、そこは、「だからいいんじゃん!」でいきましょう
　よ笑

コンヴィヴィアリティ(Conviviality)という概念に目を向けたいと思います。ダイバーシティな社会を構想するとき、つまりマジョリティ仕様の社会から多様性仕様の社会へのシフトを構想するときに、たいへん有効な概念だと思えるからです。思想家イヴァン・イリイチが提唱したこの概念(『コンヴィヴィアリティのための道具』1973年)、現代においてそれは、こんなふうにまとめられます。

　　人間が人間の本来性を損なうことなく、他者や自然との関係性のなかでその自由を享受しつつ、それぞれの能力や創造性を最大限に発揮しながら共に生きること、…異質なもの、相反していたものが共存し得た時の和気藹々とした時間と空間。そこで共有される祝祭の感覚。
　　コンヴィヴィアルな世界では、「改宗」を迫るのではなく、「対話」をすることが異なるものに対処する方法となる。異質なものをすべて包摂することが、その秩序の根幹をなす。自分とは異なる存在は、脅威ではなく、むしろ魅力的なものとして積極的に受け入れられる●3

　これ、そのまんま井上涼さんの動画の解説になると思うし、わたしたちのトークライブ「変な人になろう」の目指すところのようでもあり、もっと言えば多様性仕様の社会の紹介のようだとも思うのですが、どうでしょう？

　ということで、この本は終わりますが、ダイバーシティ・

ワーカーたちの活動も、そして、スクール・ダイバーシティの活動もぜんぜん終わりません――こういう言い方を、「ダイバーシティ週間」のところでもしたと思いますが、これは何かしらダイバーシティなイベントをやり終えたときの実感です。

「らしさの呪い」「現代的レイシズム」「マイノリティ・フォビア」「ウィークネス・フォビア」「からかい」といったいろいろは手を取り合って猛威を振るってるように見えるし、さすがに「古典的レイシズム」に直面すれば多くの人はギョッとするとは思いますが、でも同時に、「差別しなければいいんでしょ？」くらいに思ってる人ばかりにも見えるし、「（少しでも）声を上げるマイノリティ」はいつでも攻撃対象、社会はまだまだ物理的にも精神的にもバリアだらけ、ホント、やることはいくらでもあります。

　この10年の間、「ダイバーシティ／多様性」というワードは間違いなく広く一般化しましたが、でも、それは、ポジティブなことばかりを意味しませんでした。その広がりは、人種差別、性差別、障害者差別…といった恐ろしい言葉も恐ろしい問題も避けつつ、でも一方で、価値観をアップデートしてる感を出したい企業や行政、学校といった社会的権威によるところが大きくて、それは実のところ、「ダイバーシティ／多様性」の横領であって、その陳腐化と脱力を促し、結果、「ダイバーシティ／多様性」のその本来の力や可能性を削っている、ぼくの目にはそう映っている――ここまで、そんな話を重ねてきました。

　もちろん、ぼくの当面のフィールド、成蹊高校に限っても、スクール・ダイバーシティのような存在が公認され続けているわけで、そこに多様性仕様の学校への兆しを見

199

いだすことはできるし、日本社会ということでいっても、コンプライアンスをコンプラ、ポリティカル・コレクトネスをポリコレと呼んでは揶揄しておもしろがれる程度には、価値観が浸透したとも言えるでしょう。ただ、そこで終了——はないでしょう、まだぜんぜんじゃないですか？ でも、「ダイバーシティ／多様性」の陳腐化は進んでいるし、脱力されて、うんざりされはじめている、「もう、十分じゃない？っていうか、やりすぎだよね？」「それも多様性ということで笑」「それな笑」——いったいどうすれば？

「誰か」が、知らないうちに解決してくれれば、それが一番だと思います。思いますが、でも、この本は基本的に、ちょうどわたしたちのように、うっかりこの道を進み始めてしまった「誰か」たちや、ある日組織から委任されて、図らずもこの道を進むことになってしまった「誰か」たちに向けた本であって、つまり、自分たちこそすでに、解決のために少しでも何かのアクションを起こさなければならない「誰か」たちなのです。そんな自分たちにとってこの本が何かしらヒントになったり、もうちょっとやってみようかなというきっかけになるといいなと思うわけで、それが第一です。ですが、最後に少し欲ばっておきたいと思います。何かの拍子にこの本を手にした、ダイバーシティ・ワーカーというわけではないけどちょっと興味があってといった潜在的ダイバーシティ・ワーカーな誰かたちにもこんなことを伝えたいです。例えば、「学校」はあまりにも典型的ですが、放っておくとどうしてもマジョリティ仕様になってしまう社会を、多様性仕様にしていくために、持ってるものを持ち寄って、いろいろ考える、動く、少しだけはみ出してみる——という、そんな「誰か」たちのひとりになりま

せんか、ということです。そこは気前よく、ということでお願いできればと思いますが、どうでしょう？ 案外おもしろくもあるかと。

- ◉1 当日のスクリプトはブログにあります。https://ameblo.jp/sksd14/entry-12409704258.html
- ◉2 https://m.youtube.com/watch？v=Tnjxpa8l6ZY　ちなみに井上涼さんは「やる気あり美」のメンバーでもあります。第1章「◉13」を参照してもらえればと。
- ◉3 武蔵野美術大学ソーシャルクリエイティブ研究所の「自律協生スタジオ（Convivial Design Studio）」による「まとめ」です。https://rcsc.musabi.ac.jp/convivi/about/

あとがき

スクール・ダイバーシティに関わってくれたみなさん、みなさんが思いついたり、言動したりしたいろいろは、ぼくというフィルターを経由して、こんな形になりました。えええ？っていう感じになってる人もたくさんいると思います、すみません。違うタイミング、違う場所でならば、また別のアプローチ、選択ということになるのだと思いますが、今回は、こんな感じになりました。いずれにしても、卒業生から現役の高校生まで、最前線に立ってくれたみんな、そして、わたしたちの学校の教員はじめ、活動をおもしろがって協力してくれた大人のみなさん、本当にありがたかったです。誰に頼まれたわけでもなく、めんどくさいテーマの、誰も来ないかも知れないイベントを夢中で準備するという経験を分かち合ってきたみなさん、めんどくさいことを、まったくそれを望んでいない誰かたちに、少しも望まれていないタイミングで話すという経験を共有してきたみなさん、この本を読んでみなさんがどんなことを思い、考えるかにかかわらず、ありがたかったし、楽しかったです、ひきつづきよろしくお願いしたいところですが、めんどくさいですか？（笑）

〈キャンプ〉なネイルで表紙を飾ってくれた四ノ宮さん、いくつかのナイスな アイデアも

助かりました、ありがとう、また何かいっしょに。台湾の友人たち、読んで欲しいです。鐘文秀、もっと早く形にできれば読んでもらえたのにと思うと残念ですが、とにかく書きました。S・Tさん、M・Sさん、どこで何をしていても仲間ということでお願いできればと思います。そして、スクール・ダイバーシティ立ち上げ以来ずっと活動を支えてくれているMさん、学校に来れないこの間もたくさんの気づきをもらっています、助かってます。Mさんもまた、「布団から蜂起」なアナルコ・フェミニストのひとりかと。あとnbさん、nbさんに読んでもらえるとうれしいです。

　卒業生のDから話を聞いたんだと思いますが、ほとんど誰にも知られていないぼくたちの活動をおもしろがってくれて、そして、本としてまとめるという機会を与えてくれた「ころから」の木瀬さん、本当にありがとうございました。本を書くという経験は、特別でした。同じように多様性仕様の社会をイメージする人と仕事をするのも楽しかったです。ということで、もう少しめんどくさいことを続けてみようかなと、そんなふうに思っています。

あとがき

203

いきする本だな

まーくのえともじ ● 金井真紀

I can't breathe. —— 息ができない —— との言葉を遺し二人の米国人が亡くなりました。2014年のエリック・ガーナーさん、そして2020年のジョージ・フロイドさんです。

白昼堂々と警官に首根っこを抑えつけられ殺された事件は、米国社会に大きな衝撃を与え、抗議する人々が街頭へ出て「ブラック・ライブズ・マター（黒人の命をなめるな!）」と声をあげることになりました。

このムーブメントは大きなうねりとなり、世界中で黒人たちに連帯するとともに、それぞれの国や地域における構造的な差別と暴力の存在を見つめ直す機会となったのです。

さて、いま21世紀の日本社会に暮らすわたしたちは、どんな息ができているでしょうか。

誰に気兼ねすることなく、両手を広げ大きく息を吸って、思う存分に息を吐くことができているでしょうか？

これは、ただの比喩ではなく、ガーナーさんやフロイドさんと同じように物理的に息を止められていないと言い切れる社会でしょうか？

私たち、ころからは「ブラック・ライブズ・マター」のかけ声に賛同し、出版を通じて、息を吸うこと、吐くことを続けようと決意しました。

これらの本が集うシリーズ名は「いきする本だな」です。息することは、生きること。そんな誰にとっても不可欠な本を紹介していきます。

息するように無意識なことを、ときには深呼吸するように意識的なことを伝えるために。

2021年　ころから

久保田善丈 くぼた・よしたけ

1966年東京生まれ。2013年以来、成蹊中学高校教諭として生徒・卒業生・教員からなる小さなダイバーシティ・グループ、「スクール・ダイバーシティ」を運営するダイバーシティ・ワーカーのひとり。東京学芸大学卒、一橋大学大学院博士後期課程（単位取得退学）。1994-95年に、台湾大学大学院博士課程歴史系選読生（聴講生）として台北に暮らし、「社会は案外変えられる？」という感触をつかむ。本書が初の著作。

いきする本だな 6

ダイバーシティ・ポリス宣言(せんげん)

学校(がっこう)を多様性仕様(たようせいしよう)にするために

2025年 2月25日　初版発行

著者 **久保田善丈**

パブリッシャー **木瀬貴吉**

装丁 **安藤順**

発行　ころから

〒114-0003　東京都北区豊島4-16-34-307
Tel 03-5939-7950
Mail　　　office@korocolor.com
Web-site　http://korocolor.com

ISBN 978-4-907239-74-9
C0036

mrmt

まーくのえともじ
金井真紀

いきする本だな

1

2

3

1 ヘイトをとめるレッスン

ホン・ソンス著、たなともこ・相沙希子訳

A5変／240ページ／2200円＋税 978-4-907239-52-7

2 性売買のブラックホール

韓国の現場から当事者女性とともに打ち破る

シンパク・ジニョン著、金富子監訳

小野沢あかね・仁藤夢乃解説

A5変／256ページ／2200円＋税 978-4-907239-62-6

3 イン・クィア・タイム

アジアン・クィア作家短編集

イン イーシェン・リベイ リンサンガン カントー編

村上さつき訳

四六変形／364ページ／2200円＋税 978-4-907239-63-3

4 # あそびの生まれる時
「お客様」時代の地域活動コーディネーション
西川正 著
B6変形／304ページ、2000円＋税　978-4-907239-66-4

5 # エイジズムを乗り越える
自分と人を年齢で差別しないために
アシュトン・アップルホワイト著
城川桂子 訳
A5／336ページ、2200円＋税　978-4-907239-67-1